Kuaidi Yewuyuan(Zhongji)Zhiye Jineng Jianding

快递业务员(中级)职业技能鉴定

Kaoshi Zhidao Shouce

考试指导手册

国家邮政局职业技能鉴定指导中心　组织编写

人民交通出版社

内 容 提 要

本书是依据《快递业务员国家职业标准》，参照快递业务员国家职业技能鉴定培训教程《快递业务员（中级） 快件收派》和《快递业务员（中级） 快件处理》的主要内容，配合快递业务员（中级）职业技能鉴定考试而编写的考试辅导用书。

本书紧密围绕快递业务员（中级）考试进行，涵盖了快递业务员（中级）职业技能考试的所有鉴定知识点，能帮助考生掌握快递业务员考试具体要求、必考知识点与考试题型、答题技巧，供参加快递业务员（中级）考试的人员参考。

图书在版编目(CIP)数据

快递业务员（中级）职业技能鉴定考试指导手册/国家邮政局职业技能鉴定指导中心组织编写. —北京：人民交通出版社，2011. 9

ISBN 978-7-114-09394-4

I. 快… II. ①国… III. ①邮件投递－职业技能－鉴定－手册 IV. ①F618. 1-62

中国版本图书馆 CIP 数据核字(2011)第 187432 号

书　　名：快递业务员(中级)职业技能鉴定考试指导手册
著 作 者：国家邮政局职业技能鉴定指导中心
责任编辑：沈鸿雁　丁润铎
出版发行：人民交通出版社
地　　址：(100011) 北京市朝阳区安定门外外馆斜街 3 号
网　　址：http://www.ccpress.com.cn
销售电话：(010) 59757973
总 经 销：人民交通出版社发行部
经　　销：各地新华书店
印　　刷：北京鑫正大印刷有限公司
开　　本：787 × 1092　1/16
印　　张：8
字　　数：114 千
版　　次：2011 年 9 月　第 1 版
印　　次：2016 年 4 月　第 2 次印刷
书　　号：ISBN 978-7-114-09394-4
印　　数：5001-6500 册
定　　价：18.00 元

前　言

为了有效地履行政府职能，体现公共服务，依法实行快递就业准入制度，推动邮政行业建立国家职业资格证书制度，建设高技能型人才队伍，2008 年 8 月 11 日，人力资源和社会保障部、国家邮政局共同颁布了《快递业务员国家职业标准》（以下简称《标准》），并依据该《标准》，启动了快递业务员国家职业技能鉴定工作。

快递业务员国家职业资格共设立五个等级，分为“快件收派”与“快件处理”两大考核模块。围绕《标准》，根据当前职业技能鉴定工作实际与职业培训的需要，国家邮政局职业技能鉴定指导中心组织快递服务领域相关专家、学者及业内人士编写了《快递业务员（中级）职业技能鉴定考试指导手册》（以下简称《手册》）。

本《手册》是依据《标准》，参照快递业务员国家职业技能鉴定培训教程《快递业务员（中级）快件收派》和《快递业务员（中级）快件处理》的主要内容，配合快递业务员（中级）职业技能鉴定考试而编写的考试辅导用书。《手册》内容精炼浓缩，紧密围绕快递业务员（中级）考试进行，涵盖了快递业务员（中级）职业技能考试的所有鉴定知识点，能帮助考生掌握快递业务员考试具体要求、必考知识点与考试题型、答题技巧。手册附录部分模拟题可供考生进行仿真测试，便于考生掌握从事职业活动的重点知识内容，提高操作技能。《手册》适用于选考收派与处理模块的所有考生，力求服务于考生，成为真正有效实用的快递业务员（中级）考试指南。

本《手册》由国家邮政局职业技能鉴定指导中心组织编写，得到了来自山东省邮政管理局、山东省邮政行业职业技能鉴定中心、山东工程技师学院以及相关快递企业领导和专家的鼎力支持，在此一并表示感谢。

由于编写时间仓促且作者水平有限，不妥之处难免，敬请专家同行与广大考生批评指正。

国家邮政局职业技能鉴定指导中心

2011 年 9 月

目　录

第一章　国家职业技能鉴定概述

快递业务员职业技能鉴定是邮政行业推行国家职业资格证书制度，提高快递从业人员知识技能水平的重要举措。

第一节　职业技能鉴定体系与国家职业资格证书制度

一、职业技能鉴定体系

（一）职业技能鉴定的概念

职业技能鉴定是按照国家规定的职业标准，通过政府授权的考核鉴定机构，对劳动者的专业知识和技能水平进行客观公正、科学规范的评价与认证的活动。

（二）职业技能鉴定的性质

（1）职业技能鉴定属于标准参照考试（CRT）。考试结果具有绝对性，一个考生能否达标不受其他考生成绩影响，只取决于他自己的考分与及格标准的关系。

（2）职业技能鉴定属于综合性社会考试。其对象是社会劳动者，涉及所有的职业领域，并覆盖了各种性质的企事业单位。因此，为了全面准确地考核出劳动者的职业技能，职业技能鉴定方式必须综合运用多种考试方式和手段，将知识考试与实际操作考核相结合、面试与笔试相结合、特定考场考试与工作现场考核相结合、团体考试与个体考试相结合，才能全面准确地考核出劳动者的职业技能。

（三）职业技能鉴定的特点

（1）职业技能鉴定以职业活动为导向；

(2)职业技能鉴定以实际操作为主要依据;

(3)职业技能鉴定以第三方认证原则为基础。

(四)职业技能鉴定体系

我国于1996年开始在全国建立职业技能鉴定工作质量保障体系,确定了统一鉴定所站条件、统一考评人员资格、统一命题管理、统一考务管理和统一证书核发办法的“五统一”原则。

二、国家职业资格证书制度

职业资格证书是反映劳动者专业知识和职业技能水平的证明,是劳动者通过职业技能鉴定进入就业岗位的凭证。根据各职业活动范围、工作内容的数量和质量、工作责任等要素,我国正式确定国家职业资格的等级设置为五个级别。国家职业资格五级、四级、三级分别对应技术等级的初、中、高级;二级和一级分别对应技师和高级技师。

三、国家职业技能标准

国家职业技能标准是在职业分类的基础上,根据职业的活动内容,对从业人员工作能力水平的规范性要求。国家职业技能标准在整个国家职业资格体系中起着重要的导向作用,引导职业教育培训、鉴定考核等活动。职业技能鉴定命题严格按照国家职业标准进行。鉴定考核运用职业技能鉴定试题,按照国家职业标准规定的时间和方式,组织对鉴定对象的职业能力进行测试。

国家职业标准基本结构,由职业概况、基本要求、工作要求和比重表四部分组成。其中,工作要求是国家职业技能标准的核心部分。

职业概况是对本职业的基本情况的描述。

基本要求包括职业道德和基础知识。职业道德是指从事本职业工作应具备的基本观念、意识、品质和行为的要求,一般包括职业道德知识、职业态度、行为规范;基础知识是指本职业各等级从业人员都必须掌握的通用基础知识,包括与本职业密切相关并贯穿整个职业的基本理论知识、有关法律知识和安全卫生、环境保护知识。

工作要求包括职业功能、工作内容、技能要求、相关知识。职业功能是指一个职业所要实现的活动目标；工作内容是指完成职业功能应做的工作；技能要求是指完成每一项工作内容应达到的结果或应具备的技能；相关知识是指完成每项操作技能应具备的知识，主要指与技能要求相对应的技术要求、有关法规、操作规程、安全知识和理论知识等。

比重表包括理论知识比重表和技能比重表。理论知识比重表反映基础知识和每一项工作内容的相关知识在培训考核中应占的比例，技能比重表反映各项工作内容在培训考核中所占的比例。

第二节　职业技能鉴定命题与国家题库

职业技能鉴定考试的所有试题均来自于国家题库。下面介绍职业技能鉴定的命题技术与国家题库的形成。

一、职业技能鉴定命题理论

职业鉴定命题是指以国家职业标准为内容依据，按照标准，参照考试命题规则，编制鉴定考核的试题、试卷的过程。

二、职业技能鉴定命题技术与方法

职业技能鉴定的命题，在内容上以国家颁布的职业标准为基础，保证了职业技能鉴定的基本质量水平。所有的试题均按鉴定要素细目表进行编制，使试题与鉴定要素细目表中所列鉴定要素直接关联，做到有据可查。

（一）职业技能鉴定的理论知识考试命题技术与方法

1.理论知识鉴定要素细目表

层级结构是理论知识鉴定要素细目表的主要内容，对应国家职业标准中的“基本要求、职业功能、工作内容、技能要求和相关知识”，将鉴定要素逐级细分，直到分解出最小的、可以测量的鉴定点。

2. 理论知识试卷的构成(表1)

快递业务员(中级)理论知识试卷的构成

表1

题　型	试题的题量	配　分
单项选择题	60题	60分(每题1分)
判断题	40题	40分(每题1分)
总分	100分(100题)	

(二)操作技能考试命题技术与方法

操作技能考试基本内容由职业活动结构化、要求内容定量化和考核内容具体化组成,由考核内容结构表、鉴定点库和考核试题库,组成操作技能考核命题体系。

快递业务员操作技能考核试题根据国家职业技能标准并结合实际,确定考核形式、时间以及分值。

三、职业技能鉴定国家题库

国家题库是由人力资源和社会保障部组织各方面专家,依据职业技能鉴定命题理论和题库建设技术开发的用于全国职业技能鉴定的统一题库。职业技能鉴定国家题库邮政行业分库是经人力资源和社会保障部同意设立的行业分库。快递业务员职业技能鉴定考试所有试题必须从邮政行业分库中抽取。

第二章　快递业务员(中级)职业技能鉴定概述

第一节　快递业务员职业技能鉴定概况

一、快递业务员(中级)国家职业技能标准

(一)职业简介

1.职业名称

快递业务员。

2.职业定义

使用快递专用工具、设备和应用软件系统,按照快递属性要求,从事快递收寄、分拣、封发、派送等工作的人员。

(二)鉴定要求

1.适用对象

从事或者准备从事本职业的人员。快递业务员(中级)的考试分为"快件收派"与"快件处理"两个模块,考生可根据所从事的工作进行申报,参加其中一个模块的考试。

2.申报条件

具备以下条件之一者,可申报"快递业务员(中级)"的考试:

(1)取得本职业初级快递业务员职业资格证书后,连续从事本职业工作2年以上,经本职业中级快递业务员正规培训达规定标准学时数,并取得结业证书;

(2)取得本职业初级快递业务员职业资格证书后,连续从事本职业工作3年

以上；

(3)连续从事本职业工作5年以上；

(4)取得经人力资源和社会保障行政部门审核认定的、以中级技能为培养目标的中等以上职业学校本职业(专业)毕业证书。

(三)鉴定方式

分为理论知识考试和技能操作考核。理论知识考试采用闭卷笔试方式或计算机系统考试方式。技能操作考核根据实际情况，采用模拟实际操作、笔试等方式。理论知识考试和技能操作考核均实行百分制，成绩皆达60分及以上者为合格。

(四)鉴定时间

理论知识考试时间不少于90分钟，技能操作考核时间不少于30分钟。

二、快递业务员职业技能鉴定办法

第一条　为开展快递业务员的职业技能鉴定工作，提升快递业务员的服务能力和技能水平，根据《中华人民共和国劳动法》、《中华人民共和国邮政法》、《职业技能鉴定规定》、《快递业务经营许可管理办法》等有关法律、规章，制定本办法。

第二条　快递业务员是指从事快件收寄、分拣、封发、投递(派送)等工作的人员。

第三条　对快递业务员进行职业技能培训、考核鉴定适用本办法。

第四条　快递业务员国家职业资格分为初级快递业务员、中级快递业务员、高级快递业务员、快递业务师、高级快递业务师五个等级。

……

第七条　快递业务员的考核分为“快件收派”与“快件处理”两个模块，考生可根据所从事的工作进行申报，参加其中一个模块的考核。

第八条　具备以下条件之一者，可向本省(自治区、直辖市)职业技能鉴定机构申请参加快递业务员(中级)鉴定考试：

(1)取得本职业初级快递业务员职业资格证书后，连续从事本职业工作2年以上，经本职业中级快递业务员正规培训达规定标准学时数，并取得结业证书；

(2)取得本职业初级快递业务员职业资格证书后，连续从事本职业工作3年以上；

(3)连续从事本职业工作5年以上；

(4)取得经人力资源和社会保障行政部门审核认定的、以中级技能为培养目标的中等以上职业学校本职业(专业)毕业证书。

……

第十三条　快递业务员职业技能鉴定实行考试制度。

快递业务员国家职业资格等级考试科目分为理论知识考试与技能操作考核。

快递业务员国家职业资格等级考试以统一标准、统一教材、统一命题、统一考试、统一核发证书为原则，根据实际鉴定需要组织实施。

第十四条　快递业务员职业技能鉴定实行公开考试。每次考试前由省(自治区、直辖市)职业技能鉴定机构提前公布报名条件、报考办法、考试时间、考试科目以及收费标准等。本省(自治区、直辖市)没有设立职业技能鉴定机构的，申请参加快递业务员职业技能鉴定考试人员可就近参加其他省(自治区、直辖市)组织的考试，也可由国家邮政局职业技能鉴定指导中心统一安排，以送鉴定上门等方式组织实施。

第十五条　申请快递业务员国家职业资格考试的人员应当按照要求向本省(自治区、直辖市)职业技能鉴定机构提交职业技能鉴定申报表，提供本人基本情况、学历、职业工作年限等基本信息。

第十六条　省(自治区、直辖市)职业技能鉴定机构对提交申报表的申请人情况进行审查，并核发准考证。考生凭借准考证在指定的考点参加考试。

第十七条　考生通过考试后(理论、实操成绩分别达到60分及以上)，由人力资源和社会保障部与国家邮政局共同颁发快递业务员国家职业资格证书。

第十八条　取得国家职业资格证书的快递业务员，可登录国家邮政局网站，查询证书编号。

第十九条　快递业务员国家职业资格证书在全国快递服务企业范围内有效。任何个人不得涂改、转让、出租和出借快递业务员国家职业资格证书。

第二十条　快递业务员国家职业资格等级证书遗失或损坏的，取得快递业务员职业资格的人员可持有效证件，向省(自治区、直辖市)职业技能鉴定机构提出补发申请。经审查通过后，报原发证机关补发。

……

第二节　快递业务员(中级)快件收派职业技能鉴定要素细目表

本节内容适用于报考快件收派模块的考生学习,报考快件处理模块的考生可直接阅读本章第三节的内容。

鉴定要素细目表包含了所有快件收派的鉴定点。鉴定点重要程度是每个鉴定点在整个鉴定点集合中的相对重要性水平,一般用"X、Y、Z"表示。X 表示重要程度高的核心要素,Y 表示重要程度一般的要素,Z 表示重要程度偏低的辅助要素。鉴定比重是指每一个鉴定要素层次在整个鉴定要素细目表中所占的分数比例。

一、理论知识鉴定要素细目表(表 2)

快件收派(中级)理论知识鉴定要素细目表　　表 2

<table>
<tr><th colspan="8">鉴定范围</th><th colspan="3">鉴定点</th></tr>
<tr><th colspan="2">一级</th><th colspan="2">二级</th><th colspan="2">三级</th><th colspan="2">四级</th><th rowspan="2">代码</th><th rowspan="2">名称</th><th rowspan="2">重要程度</th></tr>
<tr><th>名称代码重要程度比例</th><th>鉴定比重(%)</th><th>名称代码重要程度比例</th><th>鉴定比重(%)</th><th>名称代码重要程度比例</th><th>鉴定比重(%)</th><th>名称代码重要程度比例</th><th>鉴定比重(%)</th></tr>
<tr><td rowspan="11">基本要求</td><td rowspan="11">32</td><td rowspan="11">职业道德</td><td rowspan="11">5</td><td rowspan="4">职业道德基本知识</td><td rowspan="4">2</td><td rowspan="4">职业道德基本知识</td><td rowspan="4">2</td><td>001</td><td>职业道德的概念</td><td>X</td></tr>
<tr><td>002</td><td>职业道德的主要内容</td><td>X</td></tr>
<tr><td>003</td><td>职业道德的特点</td><td>X</td></tr>
<tr><td>004</td><td>职业道德的重要作用</td><td>X</td></tr>
<tr><td rowspan="7">快递业务员职业守则</td><td rowspan="7">3</td><td rowspan="7">快递业务员职业守则</td><td rowspan="7">3</td><td>001</td><td>快递业务员职业守则的内容</td><td>X</td></tr>
<tr><td>002</td><td>"遵纪守法,诚实守信"的具体要求</td><td>X</td></tr>
<tr><td>003</td><td>"团结协作,准确快速"的具体要求</td><td>X</td></tr>
<tr><td>004</td><td>"保守秘密,确保安全"的具体要求</td><td>X</td></tr>
<tr><td>005</td><td>"衣着整洁,文明礼貌"的具体要求</td><td>X</td></tr>
<tr><td>006</td><td>快递业务员职业守则的特点</td><td>X</td></tr>
</table>

续上表

鉴定范围								鉴定点		
一级		二级		三级		四级		代码	名称	重要程度
名称代码重要程度比例	鉴定比重(%)	名称代码重要程度比例	鉴定比重(%)	名称代码重要程度比例	鉴定比重(%)	名称代码重要程度比例	鉴定比重(%)			
基本要求	32	基础知识	27	快递服务概述	5	快递服务特点、分类和发展	2	001	快递服务的定义	X
								002	快递服务的特点	X
								003	快递服务的业务种类	X
								004	现代快递的发展	Y
						快递流程	1	001	快递流程的概念	X
								002	快递流程基本要求	X
						快递网络	2	001	快递网络的构成	X
								002	快件传递网络的概念	X
								003	大区或省际网的概念	X
								004	区域或省内网的概念	X
								005	同城或市内网的概念	X
								006	快递信息网络的概念	X
								007	快递实物传递网的组成要素	X
								008	快递信息网的作用	X
				快递业务基础知识	3	国内、国际快递业务知识	3	001	快件的定义	X
								002	快件内件分类	X
								003	快件时限分类	X
								004	快件的赔偿责任分类	X
								005	快件的业务方式分类	X
								006	全程时限的定义	X
								007	快递企业报关义务	Y
				快递服务标准和服务礼仪	2	快递服务标准和服务礼仪	2	001	快递企业市场准入要求	X
								002	员工资质要求	X
								003	快递运单的实物保存期限	X
								004	礼仪的概念	X
								005	服务礼仪的基本要求	X
								006	快递人员的着装和配饰	X

续上表

鉴定范围								鉴定点		
一级		二级		三级		四级		代码	名称	重要程度
名称代码重要程度比例	鉴定比重(%)	名称代码重要程度比例	鉴定比重(%)	名称代码重要程度比例	鉴定比重(%)	名称代码重要程度比例	鉴定比重(%)			
基本要求	32	基础知识	27	安全知识	4	国家安全和信息安全	1	001	快递企业及从业人员维护国家安全的义务	X
								002	快件信息安全基本要求	X
						职业安全	1	001	工伤事故预防措施	X
								002	工伤保险的基本内容	X
								003	常见劳动防护用品	X
								004	职业病的预防措施	X
						快件安全	1	001	非机动车收派保障快件安全注意事项	X
								002	机动车收派保障快件安全注意事项	X
						交通安全与消防安全	1	001	自行车驮载快件要求	X
								002	自行车行车安全	X
								003	摩托车行车安全	Y
								004	处理场地消防注意事项	X
								005	常见灭火器种类与性能	X
								006	灭火基本方法	X
				地理知识	3	中国地理知识	2	001	中国地理概貌	X
								002	中国现行的行政区域划分	X
								003	中国东北、华北地区难认地名	X
								004	中国华东、中南地区难认地名	X
								005	中国西南、西北地区难认地名	X
								006	公路交通概况	X
								007	铁路交通概况	X
								008	航空公司名称及代码	X
						世界地理知识	1	001	世界地理概貌	X
								002	主要国家所属大洲	X

续上表

<table>
<tr><th colspan="8">鉴定范围</th><th colspan="3">鉴定点</th></tr>
<tr><th colspan="2">一级</th><th colspan="2">二级</th><th colspan="2">三级</th><th colspan="2">四级</th><th rowspan="2">代码</th><th rowspan="2">名称</th><th rowspan="2">重要程度</th></tr>
<tr><th>名称代码重要程度比例</th><th>鉴定比重(%)</th><th>名称代码重要程度比例</th><th>鉴定比重(%)</th><th>名称代码重要程度比例</th><th>鉴定比重(%)</th><th>名称代码重要程度比例</th><th>鉴定比重(%)</th></tr>
<tr><td rowspan="25">基本要求</td><td rowspan="25">32</td><td rowspan="25">基础知识</td><td rowspan="25">27</td><td rowspan="4">计算机知识</td><td rowspan="4">2</td><td rowspan="2">计算机基础知识</td><td rowspan="2">1</td><td>001</td><td>计算机硬件构成和软件分类</td><td>X</td></tr>
<tr><td>002</td><td>计算机病毒的特点</td><td>Y</td></tr>
<tr><td rowspan="2">计算机网络基础和日常操作知识</td><td rowspan="2">1</td><td>001</td><td>计算机网络的概念</td><td>X</td></tr>
<tr><td>002</td><td>计算机的日常维护</td><td>X</td></tr>
<tr><td rowspan="4">其他相关知识</td><td rowspan="4">2</td><td rowspan="2">百家姓</td><td rowspan="2">1</td><td>001</td><td>百家姓单姓的读音</td><td>X</td></tr>
<tr><td>002</td><td>百家姓复姓的读音</td><td>X</td></tr>
<tr><td rowspan="2">条码知识</td><td rowspan="2">1</td><td>001</td><td>条形码技术的特点</td><td>X</td></tr>
<tr><td>002</td><td>快递行业普遍使用的条形码类别</td><td>X</td></tr>
<tr><td rowspan="17">相关法律、法规知识</td><td rowspan="17">6</td><td rowspan="4">《中华人民共和国邮政法》、《快递市场管理办法》、《中华人民共和国刑法》</td><td rowspan="4">2</td><td>001</td><td>《快递市场管理办法》对市场管理方式的规定</td><td>X</td></tr>
<tr><td>002</td><td>《中华人民共和国刑法》对故意延误投递邮件的规定</td><td>X</td></tr>
<tr><td>003</td><td>《中华人民共和国刑法》对私自开拆、隐匿、毁弃邮件电报的规定</td><td>X</td></tr>
<tr><td>004</td><td>《中华人民共和国刑法》对盗窃和职务侵占的规定</td><td>X</td></tr>
<tr><td rowspan="2">《中华人民共和国民法通则》</td><td rowspan="2">1</td><td>001</td><td>民事权利的分类</td><td>X</td></tr>
<tr><td>002</td><td>民事责任的规定</td><td>X</td></tr>
<tr><td rowspan="2">《中华人民共和国合同法》</td><td rowspan="2">1</td><td>001</td><td>合同订立的一般规定</td><td>X</td></tr>
<tr><td>002</td><td>违约责任的形式</td><td>X</td></tr>
<tr><td rowspan="2">《中华人民共和国消费者权益保护法》</td><td rowspan="2">1</td><td>001</td><td>消费者的权利</td><td>X</td></tr>
<tr><td>002</td><td>争议解决的途径</td><td>X</td></tr>
<tr><td rowspan="3">《中华人民共和国道路交通安全法》、《中华人民共和国国家安全法》以及《万国邮政联盟公约》</td><td rowspan="3">1</td><td>001</td><td>道路交通事故处理要点</td><td>X</td></tr>
<tr><td>002</td><td>危害国家安全的法律责任</td><td>X</td></tr>
<tr><td>003</td><td>《万国邮政联盟公约》对快递函件的规定</td><td>X</td></tr>
</table>

续上表

鉴定范围								鉴定点		
一级		二级		三级		四级				
名称代码重要程度比例	鉴定比重(%)	名称代码重要程度比例	鉴定比重(%)	名称代码重要程度比例	鉴定比重(%)	名称代码重要程度比例	鉴定比重(%)	代码	名称	重要程度
相关知识	68	快件收寄	35	收寄指导	10	国内快件收寄流程	1	001	收寄流程的概念	X
								002	收寄流程的分类	X
						国内快件重量、规格与运输	1	001	快件的重量限度和规格限度	X
								002	快件的运输方式	X
						国内快件包装知识	3	001	快件包装的原则	X
								002	包装材料的种类	X
								003	常用的包装材料	X
								004	包装箱的分类	X
								005	防振保护技术	X
								006	防破损技术的种类	X
						国内快件禁限寄物品规定	1	001	禁寄物品的区分	X
								002	禁寄物品的处理方法	X
						快件查询、更址、撤回程序及快件赔偿	3	001	快件更址的处理方法	X
								002	快件撤回的处理方法	X
								003	快件撤回的流程	X
								004	快件查询的渠道	X
								005	快件索赔的程序	X
								006	快件索赔的处理	X
						快递合同相关知识	1	001	快递合同的种类	X
								002	签订协议注意事项	X

续上表

鉴定范围								鉴定点		
一级		二级		三级		四级				
名称代码重要程度比例	鉴定比重(%)	名称代码重要程度比例	鉴定比重(%)	名称代码重要程度比例	鉴定比重(%)	名称代码重要程度比例	鉴定比重(%)	代码	名称	重要程度
相关知识	68	快件收寄	35	快件收验	21	国际快件收寄	8	001	国际快递服务的分类	X
								002	国际快递收寄流程	X
								003	国际快递业务区域分类	X
								004	国际快件的重量和规格要求	X
								005	国际快件服务费用	X
								006	国际快件禁寄物品	X
								007	国际快件限寄物品及禁限寄物品中英文对照	X
								008	国际快件特殊包装的要求	X
								009	常见收寄礼貌用语	X
								010	常见收寄生活用语	X
								011	常见收寄服务用语	X
								012	常见收寄业务用语	X
								013	常见收寄业务数字	X
								014	常见收寄业务词汇	X
								015	常见收寄业务中英文对照	X
								016	常见人名词汇	X
						国际快件详情单	1	001	国际快件详情单填写要求	X
								002	国际快件详情单填写注意事项	X
						常见寄递物品英文名称	2	001	文件类物品中英文对照	X
								002	纺织类物品中英文对照	X
								003	家具用品类物品中英文对照	X
								004	文体用品类物品中英文对照	X
						快件清关知识	2	001	进出境快件的分类	X
								002	快件清关的概念	X
								003	进出境快件的申报方式	X
								004	出口货物申报注意事项	X

续上表

鉴定范围								鉴定点		
一级		二级		三级		四级		代码	名称	重要程度
名称代码重要程度比例	鉴定比重(%)	名称代码重要程度比例	鉴定比重(%)	名称代码重要程度比例	鉴定比重(%)	名称代码重要程度比例	鉴定比重(%)			
相关知识	68	快件收寄	35	快件收验	21	形式发票	1	001	形式发票的定义	X
								002	形式发票填写注意事项	X
						国际快件相关文件	1	001	装箱单的概念及英文缩写	X
								002	代理报关委托书	X
						常见国家、首都的英文名称、缩写和电话区号	3	001	常见国家英文名称缩写	X
								002	常见首都英文名称缩写	X
								003	常见国家的英文名称缩写	X
								004	常见国家的电话区号	X
								005	常见首都电话区号	X
								006	常见国家邮编格式	X
						常见国际航线和航班	1	001	常见国际航线的三字代码	X
								002	常见国际航班代码	X
						常见国际口岸名称、代码和缩写	1	001	常见国际口岸名称	X
								002	常见国际口岸代码	X
						港、澳、台的英文名称和电话区号	1	001	港、澳、台的英文名称和电话区号	X
								002		X
				后续处理	4	优先快件和代收货款快件	1	001	优先快件的概念和处理原则	X
								002	代收货款快件的概念和处理原则	X
						保价快件和国际件单据整理	1	001	保价快件的概念和处理原则	X
								002	国际件单据注意事项	X

续上表

<table>
<tr><th colspan="8">鉴定范围</th><th colspan="3">鉴定点</th></tr>
<tr><th colspan="2">一级</th><th colspan="2">二级</th><th colspan="2">三级</th><th colspan="2">四级</th><th rowspan="2">代码</th><th rowspan="2">名称</th><th rowspan="2">重要程度</th></tr>
<tr><th>名称代码重要程度比例</th><th>鉴定比重(%)</th><th>名称代码重要程度比例</th><th>鉴定比重(%)</th><th>名称代码重要程度比例</th><th>鉴定比重(%)</th><th>名称代码重要程度比例</th><th>鉴定比重(%)</th></tr>
<tr><td rowspan="26">相关知识</td><td rowspan="26">68</td><td rowspan="4">快件收寄</td><td rowspan="4">35</td><td rowspan="4">后续处理</td><td rowspan="4">4</td><td rowspan="2">收寄信息复核</td><td rowspan="2">1</td><td>001</td><td>收寄信息复核的内容和意义</td><td>X</td></tr>
<tr><td>002</td><td>收寄信息复核异常的处理方法</td><td>X</td></tr>
<tr><td rowspan="2">营业款交接及处理</td><td rowspan="2">1</td><td>001</td><td>营业款清点的基本要领</td><td>X</td></tr>
<tr><td>002</td><td>营业款清点的基本方法</td><td>X</td></tr>
<tr><td rowspan="22">快件派送</td><td rowspan="22">25</td><td rowspan="22">国内快件派送</td><td rowspan="22">12</td><td rowspan="6">派前准备</td><td rowspan="6">3</td><td>001</td><td>派前准备流程</td><td>X</td></tr>
<tr><td>002</td><td>派前准备注意事项</td><td>X</td></tr>
<tr><td>003</td><td>保价快件交接</td><td>X</td></tr>
<tr><td>004</td><td>到付快件、代收快件交接</td><td>X</td></tr>
<tr><td>005</td><td>详情单脱落快件的交接</td><td>Y</td></tr>
<tr><td>006</td><td>收件人名址不详快件的交接</td><td>X</td></tr>
<tr><td rowspan="14">派送服务</td><td rowspan="14">9</td><td>001</td><td>派送服务流程</td><td>X</td></tr>
<tr><td>002</td><td>快件装卸搬运注意事项</td><td>X</td></tr>
<tr><td>003</td><td>使用助力自行车派送快件时交通安全注意事项</td><td>X</td></tr>
<tr><td>004</td><td>使用摩托车派送快件时交通安全注意事项</td><td>X</td></tr>
<tr><td>005</td><td>使用汽车派送快件交通安全注意事项</td><td>X</td></tr>
<tr><td>006</td><td>恶劣天气派送快件安全注意事项</td><td>X</td></tr>
<tr><td>007</td><td>快件签收注意事项</td><td>X</td></tr>
<tr><td>008</td><td>资金安全保管注意事项</td><td>X</td></tr>
<tr><td>009</td><td>派送服务的基本原则</td><td>X</td></tr>
<tr><td>010</td><td>详情单书写潦草快件的派送</td><td>Y</td></tr>
<tr><td>011</td><td>名址不详快件的派送</td><td>Y</td></tr>
<tr><td>012</td><td>信息不完整快件的派送</td><td>Y</td></tr>
<tr><td>013</td><td>金额不符快件的派送</td><td>X</td></tr>
<tr><td>014</td><td>客户搬迁、客户离职情况的处理</td><td>X</td></tr>
</table>

续上表

鉴定范围								鉴定点		
一级		二级		三级		四级				
名称代码重要程度比例	鉴定比重(%)	名称代码重要程度比例	鉴定比重(%)	名称代码重要程度比例	鉴定比重(%)	名称代码重要程度比例	鉴定比重(%)	代码	名称	重要程度
相关知识	68	快件派送	25	国内快件派送	12	派送服务	9	015	客户外出情况的处理	X
								016	客户拒收、拒付情况的处理	X
								017	遗失快件情况的处理	X
								018	突遇交通堵塞、交通事故的情况处理	X
				国际快件派送	3	派前准备与派送服务	3	001	单证、发票、收款信息、设备准备的重要内容	X
								002	审核详情单及核对批译内容	X
								003	扫描快件、传输数据、制作派送路单	X
								004	派送服务流程说明	X
								005	代缴关税快件的派送	X
								006	到付国际快件的派送	X
				派送路线设计	4	设计派送路线的作用、意义和影响因素	1	001	设计派送路线的作用和意义	X
								002	设计派送路线的影响因素	X
						派送路线设计的原则	1	001	保证安全、派送时限的原则	X
								002	优先派送优先快件和保价快件	X
						派送路线的结构	1	001	辐射形线路的优缺点	X
								002	环形线路的优缺点	X
						派送路线设计的方法	1	001	传统经验组织法	X
								002	运筹选择法	Y
				后续处理	6	争议件处理	1	001	争议件的概念及分类	X
								002	争议件交接的要点	X
						派送信息复核	4	001	派送信息复核的定义和方法	X
								002	数量核对的要点	X

续上表

鉴定范围								鉴定点		
一级		二级		三级		四级		代码	名　称	重要程度
名称代码重要程度比例	鉴定比重(%)	名称代码重要程度比例	鉴定比重(%)	名称代码重要程度比例	鉴定比重(%)	名称代码重要程度比例	鉴定比重(%)			
相关知识	68	派送服务	25	后续处理	6	派送信息复核	4	003	签收批注情况检查要点	X
								004	自取快件派送信息复核的内容	X
								005	快件数量异常处理	X
								006	签收批注异常情况处理	X
								007	遗漏未派快件的处理	X
								008	误派快件的处理	X
						到付款与代收款的移交	1	001	款项交接流程	X
								002	款项差异处理方法	X
		客户服务	8	快递客户服务概述	1	快递客户服务	1	001	快递客户服务的概念	X
								002	快递客户服务的理念	X
				业务推介	3	快递客户分类方法	2	001	快递客户的分类方法	X
								002	业务推介活动的特点	X
								003	业务推介的基本原则	X
								004	业务推介的方法及注意事项	X
						客户沟通技巧	1	001	与客户沟通的范围及方式	X
								002	与客户沟通的技巧	X
				客户维护	4	客户维护知识	1.5	001	客户维护的途径	X
								002	客户维护的方法	X
								003	预防客户流失的措施	X
						客户数据统计与管理	1.5	001	客户信息采集的原则及内容	X
								002	客户数据信息统计的方法	X
								003	客户数据信息的管理	X
						客户回访	1	001	客户回访的目的	X
								002	客户回访计划及流程	X

二、操作技能鉴定要素细目表(表 3)

快件收派(中级)操作技能鉴定要素细目表 表 3

鉴定范围一级		鉴定点			
名称	鉴定比重	代码	名称	重要程度	试题量
快件收寄	50%	001	运单填写	X	4
		002	快件包装	X	4
		003	业务受理	X	4
		004	中英文识别	X	4
快件派送	40%	001	异常快件识别	X	4
		002	派送路线设计	X	4
		003	派送信息复核	X	4
客户服务	10%	001	推介与维护	X	4

第三节 快递业务员(中级)快件处理职业技能鉴定要素细目表

本节内容适用于报考快件处理模块的考生学习。

鉴定要素细目表包含了所有快件收派的鉴定点。鉴定点重要程度是每个鉴定点在整个鉴定点集合中的相对重要性程度,一般用“X、Y、Z”表示。X 表示重要程度高的核心要素,Y 表示重要程度一般的要素,Z 表示重要程度偏低的辅助要素。鉴定比重是指每一个鉴定要素层次在整个鉴定要素细目表中所占的分数比例。

一、理论知识鉴定要素细目表(表 4)

快件处理(中级)理论知识鉴定要素细目表 表 4

鉴定范围								鉴定点		
一级		二级		三级		四级				
名称代码重要程度比例	鉴定比重(%)	名称代码重要程度比例	鉴定比重(%)	名称代码重要程度比例	鉴定比重(%)	名称代码重要程度比例	鉴定比重(%)	代码	名称	重要程度
基本要求	32	职业道德	5	职业道德基本知识	2	职业道德基本知识	2	001	职业道德的概念	X
								002	职业道德的主要内容	X
								003	职业道德的特点	X
								004	职业道德的重要作用	X

续上表

鉴定范围								鉴定点		
一级		二级		三级		四级		代码	名称	重要程度
名称代码重要程度比例	鉴定比重(%)	名称代码重要程度比例	鉴定比重(%)	名称代码重要程度比例	鉴定比重(%)	名称代码重要程度比例	鉴定比重(%)			
基本要求	32	职业道德	5	快递业务员职业守则	3	快递业务员职业守则	3	001	快递业务员职业守则的内容	X
								002	“遵纪守法,诚实守信”的具体要求	X
								003	“团结协作,准确快速”的具体要求	X
								004	“保守秘密,确保安全”的具体要求	X
								005	“衣着整洁,文明礼貌”的具体要求	X
								006	快递业务员职业守则的特点	X
		基础知识	27	快递服务概述	5	快递服务特点、分类和发展	2	001	快递服务的定义	X
								002	快递服务的特点	X
								003	快递服务的业务种类	X
								004	现代快递的发展	Y
						快递流程	1	001	快递流程的概念	X
								002	快递流程基本要求	X
						快递网络	2	001	快递网络的构成	X
								002	快件传递网络的概念	X
								003	大区或省际网的概念	X
								004	区域或省内网的概念	X
								005	同城或市内网的概念	X
								006	快递信息网络的概念	X
								007	快递实物传递网的组成要素	X
								008	快递信息网的作用	X

续上表

鉴定范围								鉴定点		
一级		二级		三级		四级		代码	名称	重要程度
名称代码重要程度比例	鉴定比重(%)	名称代码重要程度比例	鉴定比重(%)	名称代码重要程度比例	鉴定比重(%)	名称代码重要程度比例	鉴定比重(%)			
基本要求	32	基础知识	27	快递业务基础知识	3	国内、国际快递业务知识	3	001	快件的定义	X
								002	快件内件分类	X
								003	快件时限分类	X
								004	快件的赔偿责任分类	X
								005	快件的业务方式分类	X
								006	全程时限的定义	X
								007	快递企业报关义务	Y
				快递服务标准和服务礼仪	2	快递服务标准和服务礼仪	2	001	快递企业市场准入要求	X
								002	员工资质要求	X
								003	快递运单的实物保存期限	X
								004	服务礼仪的概念	X
								005	服务礼仪的基本要求	X
								006	快递人员的着装和配饰	X
				安全知识	4	国家安全和信息安全	1	001	快递企业及从业人员维护国家安全的义务	X
								002	快件信息安全基本要求	X
						职业安全	1	001	工伤事故预防措施	X
								002	工伤保险的基本内容	X
								003	常见劳动防护用品	X
								004	职业病的预防措施	X
						快件安全	1	001	非机动车收派保障快件安全注意事项	X
								002	机动车收派保障快件安全注意事项	X

续上表

鉴定范围								鉴定点		
一级		二级		三级		四级		代码	名称	重要程度
名称代码重要程度比例	鉴定比重(%)	名称代码重要程度比例	鉴定比重(%)	名称代码重要程度比例	鉴定比重(%)	名称代码重要程度比例	鉴定比重(%)			
基本要求	32	基础知识	27	安全知识	4	交通安全与消防安全	1	001	自行车驮载快件要求	X
								002	自行车行车安全	X
								003	摩托车行车安全	Y
								004	处理场地消防注意事项	X
								005	常见灭火器种类与性能	X
								006	灭火基本方法	X
				地理知识	3	中国地理知识	2	001	中国地理概貌	X
								002	中国现行的行政区域划分	X
								003	中国东北、华北地区难认地名	X
								004	中国华东、中南地区难认地名	X
								005	中国西南、西北地区难认地名	X
								006	公路交通概况	X
								007	铁路交通概况	X
								008	航空公司名称及代码	X
						世界地理知识	1	001	世界地理概貌	X
								002	主要国家所属大洲	X
				计算机知识	2	计算机基础知识	1	001	计算机硬件构成和软件分类	X
								002	计算机病毒的特点	Y
						计算机网络基础和日常操作知识	1	001	计算机网络的概念	X
								002	计算机的日常维护	X

续上表

鉴定范围								鉴定点		
一级		二级		三级		四级		代码	名称	重要程度
名称代码重要程度比例	鉴定比重(%)	名称代码重要程度比例	鉴定比重(%)	名称代码重要程度比例	鉴定比重(%)	名称代码重要程度比例	鉴定比重(%)			
基本要求	32	基础知识	27	其他相关知识	2	百家姓	1	001	百家姓单姓的读音	X
								002	百家姓复姓的读音	X
						条码知识	1	001	条形码技术的特点	X
								002	快递行业普遍使用的条形码类别	X
				相关法律、法规知识	6	《中华人民共和国邮政法》、《快递市场管理办法》、《中华人民共和国刑法》	2	001	《快递市场管理办法》对市场管理方式的规定	X
								002	《中华人民共和国刑法》对故意延误投递邮件的规定	X
								003	《中华人民共和国刑法》对私自开拆、隐匿、毁弃邮件电报的规定	X
								004	《中华人民共和国刑法》对盗窃和职务侵占的规定	X
						《中华人民共和国民法通则》	1	001	民事权利的分类	X
								002	民事责任的规定	X
						《中华人民共和国合同法》	1	001	合同订立的一般规定	X
								002	违约责任的形式	X
						《中华人民共和国消费者权益保护法》	1	001	消费者的权利	X
								002	争议解决的途径	X
						《中华人民共和国道路交通安全法》、《中华人民共和国国家安全法》以及《万国邮政联盟公约》	1	001	道路交通事故处理要点	X
								002	危害国家安全的法律责任	X
								003	《万国邮政联盟公约》对快递函件的规定	X

续上表

鉴定范围								鉴定点		
一级		二级		三级		四级		代码	名称	重要程度
名称代码重要程度比例	鉴定比重(%)	名称代码重要程度比例	鉴定比重(%)	名称代码重要程度比例	鉴定比重(%)	名称代码重要程度比例	鉴定比重(%)			
相关知识	68	快件接收	13	到件验收	7	接收要求及准备工作	1	001	快件交接基本要求	X
								002	总包接收前准备工作	X
						办理交接	1	001	航空铁路运输快件的交接	X
								002	公路运输快件的交接	X
						异常封志	2	001	车辆封志概念分类	X
								002	车辆封志的使用	X
								003	异常车辆封志的概念种类	X
								004	异常车辆封志的处理方法	X
						总包卸载及异常总包	2	001	总包卸载注意事项	X
								002	异常总包类型	Y
								003	发运路向不正确、规格重量不符合要求、袋牌脱落的异常总包处理方法	X
								004	总包有破损或水湿油污现象的处理方法	X
						包装标志基本知识	1	001	包装标志的类型	X
								002	包装标志的要求	Y
				总包拆解	6	总包拆解注意事项与信息比对	1	001	总包拆解注意事项	X
								002	总包拆解信息比对	X
						总包拆解中异常情况及处理	2	001	总包拆解中常见异常情况	X
								002	总包内快件与封发清单不一致情况的处理	X
								003	总包内未附封发清单,快件有水、湿、油污、破损、断裂等异常情况的处理	X
								004	快件详情单条码污损、地址残缺、内件受损渗漏等异常情况的处理	X

续上表

鉴定范围								鉴定点		
一级		二级		三级		四级		代码	名称	重要程度
名称代码重要程度比例	鉴定比重(%)	名称代码重要程度比例	鉴定比重(%)	名称代码重要程度比例	鉴定比重(%)	名称代码重要程度比例	鉴定比重(%)			
相关知识	68	快件接收	13	总包拆解	6	特殊快件接收核验	3	001	优先快件接收核验	X
								002	保价快件接收核验	X
								003	自取快件接收核验	X
								004	更址快件接收核验	X
								005	撤回快件接收核验	X
								006	单据的归档	Y
		快件分拣	45	国内快件的分拣	22	行政区划及高速公路网	1	001	我国行政区划	X
								002	我国高速公路运输网	X
						各省交通地理(不含港、澳、台)	10	001	北京市、天津市、河北省交通地理	X
								002	山西省、内蒙古自治区交通地理	X
								003	辽宁省交通地理	Y
								004	吉林省交通地理	X
								005	黑龙江省交通地理	X
								006	上海市、江苏省交通地理	X
								007	浙江省交通地理	X
								008	安徽省交通地理	X
								009	福建省交通地理	X
								010	江西省交通地理	X
								011	山东省交通地理	X
								012	河南省交通地理	X
								013	湖北省交通地理	X
								014	湖南省交通地理	X
								015	广东省交通地理	X
								016	广西壮族自治区、海南省交通地理	X
								017	重庆市、四川省交通地理	X
								018	贵州省、云南省、西藏自治区交通地理	X

续上表

鉴定范围								鉴定点		
一级		二级		三级		四级		代码	名称	重要程度
名称代码重要程度比例	鉴定比重(%)	名称代码重要程度比例	鉴定比重(%)	名称代码重要程度比例	鉴定比重(%)	名称代码重要程度比例	鉴定比重(%)			
相关知识	68	快件分拣	45	国内快件的分拣	22	各省交通地理(不含港、澳、台)	10	019	陕西省、宁夏回族自治区交通地理	X
								020	甘肃省、青海省、新疆维吾尔自治区交通地理	Y
						国内主要城市邮政编码	5	001	北京市、天津市、河北省、山西省、内蒙古自治区主要城市邮政编码	X
								002	辽宁省、吉林省、黑龙江省主要城市邮政编码	X
								003	上海市、江苏省主要城市邮政编码	X
								004	浙江省、安徽省主要城市邮政编码	X
								005	福建省、江西省主要城市邮政编码	X
								006	山东省、河南省主要城市邮政编码	X
								007	湖北省、湖南省主要城市邮政编码	X
								008	广东省、广西壮族自治区、海南省主要城市邮政编码	X
								009	重庆市、四川省、贵州省、云南省、西藏自治区主要城市邮政编码	X
								010	陕西省、甘肃省、青海省、宁夏回族自治区、新疆维吾尔自治区主要城市邮政编码	X
						国内主要城市电话区号	3	001	北京市、天津市、河北省、山西、内蒙古自治区主要城市电话区号	X
								002	辽宁省、吉林省、黑龙江省主要城市电话区号	X
								003	上海市、江苏省、浙江省、安徽省、福建省、江西省、山东省主要城市电话区号	X

续上表

鉴定范围								鉴定点		
一级		二级		三级		四级				
名称代码重要程度比例	鉴定比重（%）	名称代码重要程度比例	鉴定比重（%）	名称代码重要程度比例	鉴定比重（%）	名称代码重要程度比例	鉴定比重（%）	代码	名称	重要程度
相关知识	68	快件分拣	45	国内快件的分拣	22	国内主要城市电话区号	3	004	河南省、湖北省、湖南省、广东省、广西壮族自治区、海南省主要城市电话区号	X
								005	重庆市、四川省、贵州省、云南省、西藏自治区主要城市电话区号	X
								006	陕西省、甘肃省、青海省、宁夏回族自治区、新疆维吾尔自治区主要城市电话区号	X
						国内主要城市的机场航空代码	2	001	国内主要城市的机场名称	X
								002	国内主要城市的机场航空代码	X
								003	国内主要航空公司的航空代码	X
						国内快件分拣操作注意事项	1	001	文件类快件分拣操作注意事项	X
								002	包裹类快件分拣操作注意事项	X
				国际快件的分拣	16	国际快递服务	2	001	国际快递服务的分类及特点	X
								002	国际快件业务的传递网络	X
								003	国际快递详情单的内容	X
								004	形式发票的含义及填写注意事项	X
						国际快件清关	2	001	海关对快件的监管	X
								002	各类报关快件的申报要求	X
								003	出境快件清关操作	X
						国际出口快件的处理	7	001	国际出口快件分拣前的复核	X
								002	国际出口快件分拣组织原则	X
								003	常见国家的英文名称及缩写	X
								004	常见国家的首都名称	X
								005	常见国家的电话区号	X
								006	常见国家的邮政编码格式	X

续上表

鉴定范围								鉴定点		
一级		二级		三级		四级		代码	名　称	重要程度
名称代码重要程度比例	鉴定比重(%)	名称代码重要程度比例	鉴定比重(%)	名称代码重要程度比例	鉴定比重(%)	名称代码重要程度比例	鉴定比重(%)			
相关知识	68	快件分拣	45	国际快件的分拣	16	国际出口快件的处理	7	007	美国主要城市的英文名称、邮政编码和航空代码	X
								008	德国主要城市的英文名称、邮政编码和航空代码	X
								009	法国主要城市的英文名称、邮政编码和航空代码	X
								010	英国主要城市的英文名称、邮政编码和航空代码	X
								011	俄罗斯主要城市的英文名称、邮政编码和航空代码	X
								012	日本主要城市的英文名称、邮政编码和航空代码	X
								013	韩国主要城市的英文名称、邮政编码和航空代码	Y
								014	澳大利亚主要城市的英文名称、邮政编码和航空代码	Y
						国际进口快件的处理	4	001	国际进口快件的处理	X
								002	寄达城市名的批译	X
								003	街道名称的批译	X
								004	常见中英文名址的对照	X
								005	政府部门的批译	Y
								006	大专院校的批译	Y
								007	我国主要金融机构的批译	Y
						港、澳、台快件的处理	1	001	香港的英文名称、航空代码和电话区号	X
								002	澳门的英文名称、航空代码和电话区号	X
								003	台湾的英文名称、航空代码和电话区号	X

续上表

鉴定范围								鉴定点		
一级		二级		三级		四级		代码	名称	重要程度
名称代码重要程度比例	鉴定比重(%)	名称代码重要程度比例	鉴定比重(%)	名称代码重要程度比例	鉴定比重(%)	名称代码重要程度比例	鉴定比重(%)			
相关知识	68	快件分拣	45	问题件处理	5	对收件人名址有误快件的处理	1	001	收件人名址不详,地址有误异常情况处理	X
								002	收件人地址潦草、模糊不清,快件详情单脱落异常情况处理	X
						对包装不合格或破损快件的处理	2	001	包装不合格快件的处理	X
								002	包装破损快件的处理	X
								003	合理的包装方法	X
						禁寄物品的处理	1	001	禁寄物品的处理方法	X
						危险品的应急处理	1	001	危险品泄漏事故的处置方法	X
								002	危险品火灾事故的处置方法	X
				快件差异报告	2	快件差异报告规定及填写内容	1	001	缮发快件差异报告的规定及填写内容	X
						快件差异报告范围及书写要求	1	001	缮发快件差异报告的范围及书写要求	X
		快件封发	10	快件总包的建立	2	快件总包的封装	1	001	国际快件登单操作要求	X
								002	国际快件封装要求	X
						总包路单制作方法	1	001	总包路单的概念	X
								002	总包路单的填制	X

续上表

鉴定范围								鉴定点		
一级		二级		三级		四级		代码	名称	重要程度
名称代码重要程度比例	鉴定比重(%)	名称代码重要程度比例	鉴定比重(%)	名称代码重要程度比例	鉴定比重(%)	名称代码重要程度比例	鉴定比重(%)			
相关知识	68	快件封发	10	快件总包的装车发运	4	装发作业的安全要求	2	001	操作安全注意事项	X
								002	安全搬运注意事项	X
								003	场地安全注意事项	X
								004	快件安全注意事项	X
						出站快件总包的装发	2	001	总包装发的概念	X
								002	厢式汽车的总包码放要求	X
								003	装载厢式货车的总包分隔方法	X
								004	复核车辆封志	X
				快件信息汇总比对方法	4	快件信息汇总比对的概念和作用	2	001	快件信息汇总比对的概念	X
								002	快件信息汇总比对的作用	X
								003	进站快件信息统计汇总方法	X
								004	出站快件信息统计汇总方法	X
						快件信息汇总比对方法	2	001	进站快件总包信息汇总比对的方法	X
								002	快件信息汇总比对的方法	X
								003	汇总发运信息的概念	X
								004	汇总发运信息的方法	X

二、操作技能鉴定要素细目表(表5)

快件处理(中级)操作技能鉴定要素细目表　　表5

鉴定范围一级		鉴定点			
名称	鉴定比重	代码	名称	重要程度	试题量
快件接收	18%	001	异常总包处理	X	4
		002	拆解信息比对	X	4
快件分拣	60%	001	国内快件分拣	X	4
		002	国际快件分拣	X	4
		003	禁寄物品处理	X	4
		004	差异报告缮写	X	4
快件封发	22%	001	总包封装	X	4
		002	总包路单制作	X	4

第三章　快递业务员(中级)职业技能鉴定考试解析

第一节　快递业务员职业技能鉴定考试介绍

一、快递业务员(中级)命题原则与依据

严格以《快递业务员国家职业技能标准》为内容依据,按照标准,参照考试命题规则,按鉴定要素细目表进行编制,试题与鉴定要素细目表中所列鉴定点直接关联。

考生需要注意的是,在细目表里重要程度为 X 的鉴定点,都是考试里必考的知识点。

二、快递业务员(中级)考试题型与答题要求

根据《快递业务员国家职业技能标准》,快递业务员(中级)的考核分为"快件收派"与"快件处理"两个模块。每一个模块均包括理论知识考试和技能操作考核。

(一)理论知识考试

(1)快递业务员中级理论知识考试时间为 90 分钟,采用闭卷笔试。考试主要题型为单项选择题和判断题两种,其中单项选择题 60 道,每题 1 分;判断题 40 道,每题 1 分。理论考试总分为 100 分。考核知识点全部来自于鉴定细目表里的鉴定点。其配分要求如表 6 所示。

快递业务员(中级)理论知识考试配分要求　　表 6

鉴定模块	鉴定范围	分值(分)	鉴定内容	分值(分)	合计(分)
快件收派	基本要求	32	职业道德	5	100
			基础知识	27	

续上表

鉴定模块	鉴定范围	分值(分)	鉴定内容	分值(分)	合计(分)
快件收派	相关知识	68	快件收寄	35	100
			快件派送	25	
			客户服务	8	
快件处理	基本要求	32	职业道德	5	100
			基础知识	27	
	相关知识	68	快件接收	13	
			快件分拣	45	
			快件封发	10	

(2)理论知识考试答题卡样卡如图 1 所示。

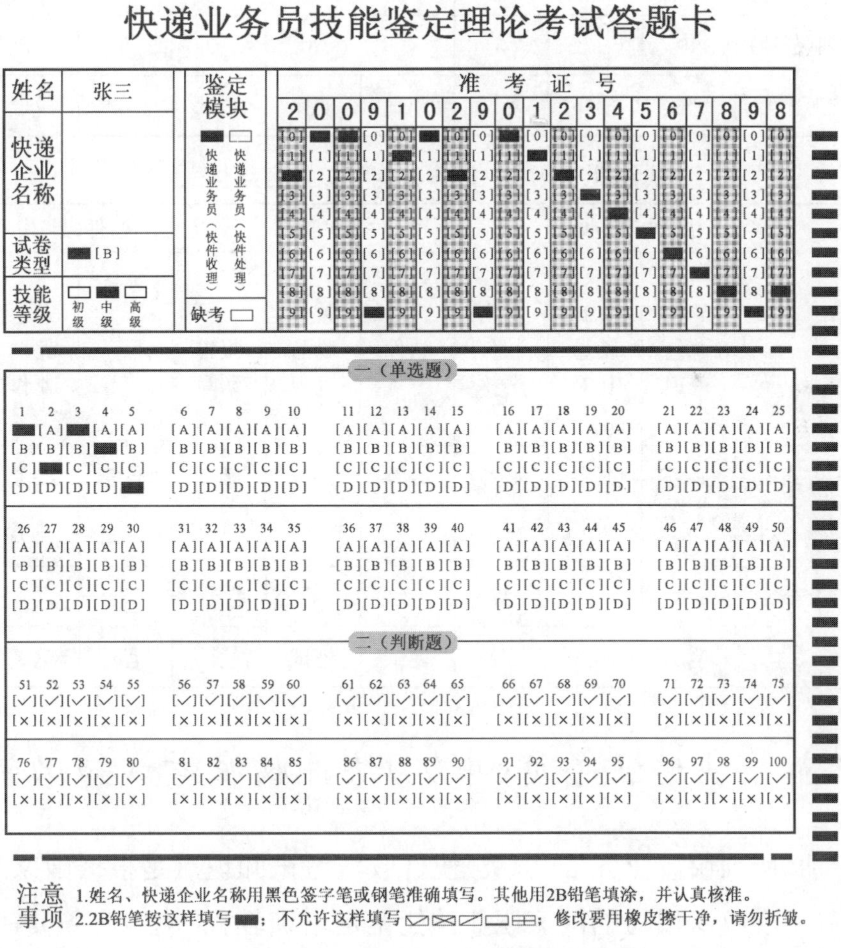

快递业务员技能鉴定理论考试答题卡

姓名　张三

快递企业名称

试卷类型　[B]

技能等级　初级　中级　高级

鉴定模块　快递业务员（快件收理）　快递业务员（快件处理）

缺考

准考证号　2 0 0 9 1 0 2 9 0 1 2 3 4 5 6 7 8 9 8

[0][1][2][3][4][5][6][7][8][9]

一（单选题）

1–50　[A][B][C][D]

二（判断题）

51–100　[✓][×]

注意事项　1.姓名、快递企业名称用黑色签字笔或钢笔准确填写。其他用2B铅笔填涂，并认真核准。
2.2B铅笔按这样填写▬；不允许这样填写；修改要用橡皮擦干净，请勿折皱。

图 1　理论知识考试答题卡样卡

(二)技能操作考核

技能知识考试时间为60分钟,可采用笔试、模拟实际操作等形式。考试知识点全部来自于鉴定细目表里的鉴定点。其配分要求如表7、表8所示。

快件收派(中级)操作技能考核内容结构表 表7

考核内容		快件收寄				快件派送			客户服务	合计(8项)
		运单填写	快件包装	业务受理	中英文识别	异常快件识别	派送路线设计	派送信息复核	推介与维护	
中级	选考方式	必考	必考	必考	必考	必考	必考	必考	必考	
	鉴定比重(%)	18	15	10	7	15	15	10	10	100
	考试时间(分钟)	10	12	5	5	8	10	5	5	60
	考核形式	笔试	实操	笔试	笔试	实操	笔试	笔试	笔试	

快件处理(中级)操作技能考核内容结构表 表8

考核内容		快件接收		快件分拣				快件封发		合计(8项)
		异常总包处理	拆解信息比对	国内快件分拣	国际快件分拣	禁寄物品处理	差异报告缮写	总包封装	总包路单制作	
中级	选考方式	必考	必考	必考	必考	必考	必考	必考	必考	
	鉴定比重(%)	8	10	20	15	10	15	12	10	100
	考试时间(分钟)	6	7	13	7	7	7	7	6	60
	考核形式	笔试	实操	实操	笔试	笔试	笔试	笔试	笔试	

第二节 快递业务员(中级)快件收派考试知识要点

本《手册》所列快递业务员(中级)快件收派考试知识点是根据国家邮政局职业技能指导中心组织编写的国家职业技能鉴定培训教程《快递业务员(中级) 快件收派》对应的章节进行归纳整理的。

一、基础理论知识考试要点

第一章　职业道德

第一节　职业道德基本知识

(一)职业道德的概念

职业道德是从业人员在职业活动中应遵循的行为准则,涵盖了从业人员与服务对象、职工与职工、职业与职业之间的关系。

(二)职业道德的基本范畴和主要内容

职业道德的基本范畴包括职业态度、职业技能、职业纪律、职业良心、职业荣誉、职业作风等。

职业道德的主要内容包括爱岗敬业、诚实守信、办事公道、服务群众以及奉献社会等。

(三)职业道德的特点

职业道德的特点:特殊性、强制性、多样性、稳定性。

(四)职业道德的重要作用

(1)职业道德有助于促进社会生产力的发展,提高劳动生产率;

(2)职业道德是社会主义精神文明的重要组成部分,有利于社会稳定;

(3)职业道德有助于调节人们在职业活动中的各种关系;

(4)职业道德有助于提高个人道德修养。

第二节　快递业务员职业守则

(一)快递业务员职业守则内容:

遵纪守法,诚实守信;

爱岗敬业,勤奋务实;

团结协作,准备快速;

保守秘密,确保安全;

衣着整洁,文明礼貌;

热情服务,奉献社会;

(二)职业守则的具体要求

(1)“遵纪守法,诚实守信”,就是要求快递业务员严格遵守国家的各项法律法规和企业内部的规章制度,并且能够重信誉、守信用。

(2)“爱岗敬业,勤奋务实”,就是要求快递业务员热爱快递事业,树立责任心和事业心,踏踏实实地勤奋工作。

(3)团结协作,准备快速。“团结协作”,是快递业务工作的特性决定的。快递业务是由一整套的业务流程,由各环节甚至不同地区的员工分工合作完成的。“准备快速”,是因为快递服务最根本的制胜点就反映在一个“快”字上。快递业务员在工作过程中对时限的承诺,一定要树立高度的责任意识,承诺客户什么时候送达,就要保证按时送达。同时,各个快递环节都应保证准确、无误。

(4)保守秘密,确保安全。“保守秘密”,是由快递服务的特殊属性决定的。快递业务员所负责寄递的快件,很有可能会涉及客户的个人隐私、商业秘密或国家机密,这就要求快递业务员不论是对客户所寄递快件的相关信息还是对客户的个人信息,都要保守秘密,绝对不准对外界透露,否则,将侵害客户的权益,严重的还会受到法律的制裁。“确保安全”,要求快递业务员在工作过程中,必须保证快件的安全,将快件完好无损地送到客户手中;另外,也要注意保护好生产工具,如运送快件的车辆的安全,还要保护好自身的人身安全。

(5)衣着整洁,文明礼貌。这是对服务行业从业者的基本要求。作为快递业务员,尤其是需要直接面对客户的收寄和派送的外勤人员,其外表和精神面貌直接代表了企业的形象和素质。

(6)热情服务,奉献社会。这是职业道德的最高要求。为客户提供优质高效的服务,是每一位快递业务员的神圣职责。

(三)职业守则的特点

(1)体现了职业道德的普遍性;

(2)体现了快递服务职业道德的特殊性。

第二章　快递服务概述

第一节　快递服务的特点和分类

(一)快递服务的定义

《快递市场管理办法》规定的定义内容：快递服务是快速收寄、分发、运输、投递(派送)单独封装具有名址的信件和包裹等物品，以及其他不需储存的物品，按照承诺时限递送到收件人或指定地点，并获得签收的寄递服务。

(二)快递服务的特点

(1)快递服务的本质反映在一个“快”字上，快速是快递服务的灵魂；

(2)快递服务是“门到门”、“桌到桌”的便捷服务；

(3)快递服务需要具有完善、高效的服务网络和合理的覆盖网点；

(4)快递服务能够提供业务全程监控和实时查询；

(5)快递服务要求快件须单独封装、具有名址、重量和尺寸限制，并实行差别定价和付费结算方式。

(三)快递服务业务种类

快递服务按网络规模划分：国际快递、国内异地快递和同城快递；

按照所有制形式划分：国有、民营、外资；

按照运输方式划分：航空、公路、铁路。

第二节　快递服务的起源与发展

(一)快递服务的起源

(二)中国现代快递服务的发展历程

(1)20 世纪 70 年代末至 90 年代初：起步阶段；

(2)20 世纪 90 年代初至 21 世纪初：成长阶段；

(3)21 世纪初至今：快速发展阶段。

(三)中国快递服务的发展现状与发展趋势

1. 发展现状

(1)业务量主要集中在东部经济发达地区；

(2)中小企业占绝大多数；

(3)三大业务(国内异地、同城、国际及港澳台)均快速发展，不同企业各有优势。

2. 发展趋势

(1)系统集成化；

(2)网络信息化；

(3)标准统一化；

(4)配送精细化；

(5)园区便利化；

(6)运输现代化。

第三节　快递流程与要求

(一)快递流程的概念

快递流程，是指快件传递过程中逐渐形成的一种相对固定的业务运行和操作顺序与环节。

按照快递业务运行顺序，快递流程主要包括快件收寄、快件处理、快件运输和快件派送四大环节。

(1)快件收寄，是快递流程的首要环节，是指快递企业在获得订单后由快递业务员上门服务，完成从客户处收取快件和收寄信息的过程。

(2)快件处理，包括快件分拣、封发两个主要环节，是快递流程中贯通上下环节的枢纽，在整个快件传递过程中发挥着十分重要作用。

(3)快件运输，是指在统一组织、调度和指挥下，按照运输计划，综合利用各种运输工具，将快件迅速、有效地运达目的地的过程。

(4)快件派送，是指业务员按运单信息上门将快件递交收件人并获得签收信息的过程。

(二)快递流程的基本要求

有序流畅、优质高效、成本节约、安全便捷。

第四节　快递网络及其功能

(一)快件网络的构成

快件网络分为快件传递网络和信息传输网络。

(二)快件传递网络的构成

快件传递网络是由快递呼叫中心、收派处理点或营业网点、处理中心和运输线路，按照一定的原则和方式组织起来并在调度运营中心的指挥下，按照一定的运行规则传递快件的网络系统。

(1)呼叫中心,亦称"客户服务中心",是快递企业普遍使用的、旨在提高工作效率的应用系统。

(2)收派处理点或营业网点,是快递企业收寄和派送快件的基层站点。其功能是集散某个城市某一地区的快件,然后再按派送段进行分拣和派送。

(3)快件处理中心,是快件传递网络的节点,主要负责快件的分拣、封发、中转任务。

(4)运输线路,是指快递运输工具在快件收派处理点、处理中心间以及所在地区车站、机场、码头之间,按固定班次及规定路线运输快件的行驶路线。

(5)调度运营中心,是控制并保证快递网络按照业务流程设计要求有序运行的指挥中心。

(三)快件传输网络的层次划分

全国性的企业的网络可分为三个层次,即:

(1)大区或省际网,主要承担省际间的快件传递任务。它联结各大区或省际处理中心(包括国际快件处理中心),通过陆路和航空运输组成一个复合型的高效快递运输干线网络。

(2)区域或省内网,是大区或省际网的延伸,与同城或市内网联系密切,在快件传递网络中起着承上启下的作用。

(3)同城或市内网,是由同城或市内处理中心与若干个收派处理组组成的,除负责快件的收取和派送外,还负责快件的分拣、封发等工作。

(四)信息传输网络的概念和作用

1.信息传输网络的概念

在快件传递的过程中,始终伴随着快递相关信息的传输,这些信息包括单个快件运单的信息、快件总包的信息、总包路由的信息,以及快件传递过程中每个节点产生的信息等。传输这些信息的网络就叫做信息传输网络。

2.信息传输网络的作用

(1)实现了对快件、总包的信息等的实时传递;

(2)实现了企业快递信息资源最大限度地综合利用与共享;

(3)便于企业运营管理,提高工作效率,规范操作程序,减少人为差错;

(4)便于企业为客户提供更优质的服务,包括为客户提供快件查询;

(5)有利于增强企业竞争能力,促进企业可持续发展。

第三章　快递业务基础知识

第一节　国内快递业务知识

(一)快件的定义

快件,是快递服务组织依法收寄并封装完好的信件和包裹等寄递物品的统称。

(二)快件的分类

按内件性质划分:信件类快件和包裹类快件;

按寄达范围划分:同城快递服务、异地快递服务;

按服务时限划分:标准快件服务、承诺服务时限快件和特殊要求实限快件;

按赔偿责任划分:保价快件、保险快件和普通快件;

按业务方式划分:基本业务和增值业务;

按付费方式划分:寄件人付费快件、收件人付费快件和第三方付费快件;

按结算方式划分:现结快件和记账快件。

(三)快递时限的概念

快递时限,是指完成快件处理、运输、派送等环节所规定的最大时间限度。

全程时限,是指快件由收寄到完成派送全过程所花费的最大时间限度。

(四)快件收寄和派送方式

快件收寄方式:上门揽收和网点收寄。

快件派送方式:按址派送和网点自取。

第二节　国际及港澳台快递业务知识

(一)我国海关对快递物品的规定

(二)快件通关相关知识和要求

(三)快递企业应承担的报关义务

(1)及时向海关呈交快件通关所需的单证、资料,并如实申报所承运的快件;

(2)通知收、发件人交纳或代理收、发件人交纳快件的进出口税款,并按规定对进出境快件交纳税费、监管手续费等；

(3)除非海关准许，快递企业应当将监管时限内的快件存放于专门设立的海关监管仓库内，并妥善保管；

(4)海关查验快件前，快递企业有关业务人员应对快件进行分类；

(5)发现快件中含有禁止出境的物品，不得擅自处理，应当立即通知海关并协助处理。

第四章　快递服务礼仪

第一节　礼仪与服务礼仪

(一)礼仪的概念

礼仪，是指人们在社会交往中由于受历史传统、风俗习惯、宗教信仰、时代潮流等因素而形成，既为人们所认同又为人们所遵守，是以建立和谐关系为目的的各种符合交往要求的行为准则和规范的总和。简而言之，礼仪就是人们在社会交往活动中应共同遵守的行为规范和准则。

(二)服务礼仪的基本要求

1.语言修养

“言为心声”，有声语言是人们在交往过程中表达情意的工具。语言修养主要有以下几点：

从语言规范方面来说，在服务工作中应要求服务人员讲普通话。

从语言表达方面来说，要求服务人员在掌握好本岗位专业知识之外，还应具备较强的语言表达能力及高水平的沟通技巧。

从语言礼貌方面来看，应当将敬语“您好”、“请”、“对不起”、“不客气”、“谢谢”等常挂在嘴边。

服务人员在对客户的服务过程中，一般应多用陈述语句和一般疑问句，少用或不用祈使句和反问句；多用委婉征询语气，少用或不用命令式语气，责己不责人，尽量把责任揽给自己。

2.非语言修养

(1)衣着要得体；

(2)仪表要大方;

(3)举止要文明;

(4)心境要良好。

第二节　快递服务礼仪

(一)快递服务人员的一般礼仪

(二)快递形象礼仪

(三)快递服饰礼仪

着装:快递服务人员应着公司统一工装。

配饰:若有需要,工牌应时刻佩戴于胸前;不得佩戴装饰性很强的装饰物、标记和吉祥物。

(四)快递行为礼仪

(五)快递服务用语礼仪

第三节　快递业务员服务规范

(一)准备工作

(二)快件收派

(三)窗口收寄人员服务规范

第五章　安全知识

第一节　国家安全知识

(一)国家安全的概念和重要性

(二)快递企业及其从业人员维护国家安全的权利和义务

快递企业作为一个社会组织、快递业务员作为一个公民,同样承担着维护国家安全的义务。

《中华人民共和国国家安全法》对公民和组织维护国家安全所必须承担的义务做了如下七条规定:

(1)教育和防范、制止的义务;

(2)提供便利条件和协助的义务;

(3)及时报告的义务;

(4)如实提供情况和协助的义务；

(5)保守秘密的义务；

(6)不得非法持有属于国家秘密的文件、资料和其他物品的义务；

(7)不得非法持有、使用窃听、窃照等专用间谍器材的义务。

第二节　信息安全知识

(一)信息安全的重要性

(二)保障快件信息安全的基本要求

(1)快件在处理过程中，除指定的有关工作人员外，不准任何人翻阅信息；

(2)快递从业人员不得私自抄录或向他人泄露收、寄件人名址、电话等快件信息；

(3)处理快件的工作场所，除有关工作人员外，其他人员不得擅自进入；

(4)严禁将快件私自带到与工作无关的任何场所；

(5)严禁隐匿、毁弃或非法开拆快件，发现此类现象时应立即制止，并及时向主管部门报告；

(6)申请改寄、撤回或更改收件人地址、姓名，必须严格审阅有关证件，在未确认寄件人和办妥手续前不得将快件交申请人翻阅；

(7)发现包装破损并有可能暴露内件信息时，应立即报告主管人员。

第三节　职业安全知识

(一)职业病和工伤事故的预防

1.职业病的预防措施

(1)建立劳动卫生职业病防治网；

(2)建立空气中毒物浓度测定制度；

(3)建立工作前体检、定期体检制度；

(4)合理使用劳动防护用品，尽量减少快递企业常见的职业伤害；

(5)技术革新、工艺改造；

(6)增加通风排气设备，将有毒气体及时排出。

2.工伤事故的预防措施

(1)工程技术措施；

(2)教育措施;

(3)管理措施;

(4)经济措施。

(二)劳动防护用品

常见劳动防护用品:护腰带或护腰背心、口罩、防护鞋、防护手套。

(三)工伤保险的基本内容

工伤保险也称职业伤害保险,是指劳动者在生产劳动和其他工作过程中遭受意外伤害或因长期接触有毒因素引起职业病伤害后,由国家或社会为负伤、致残者和死亡者生前供养家属提供必要的物质保障制度。这种补偿既包括受到伤害的职工医疗、康复的费用,也包括生活保障所需的物质帮助。

第四节　快件安全知识

(一)快件安全的内容

防止损毁、防止被盗、防止泄密、防止丢失。

(二)保证收派快件安全的注意事项

(1)利用非机动车收派保障快件安全应注意事项;

(2)利用机动车收派保障快件安全应注意事项。

第五节　交通安全知识

(一)驾驶汽车的安全注意事项

(二)使用自行车的交通安全注意事项

自行车驮载快件,长宽高不准超过规定限度:高度自地面起不宜超过 1.5m,宽度左右不宜超出车把 0.15m,长度前端不宜超出车轮,后端不宜超出车身 0.3m。

(三)使用摩托车的交通安全注意事项

第六节　消防安全知识

(一)处理场地的消防安全注意事项

(二)常见的灭火器种类和性能

二氧化碳系列灭火器、泡沫灭火器、干粉灭火器。

(三)灭火和报警的基本方法

灭火的基本方法:冷却法、窒息法、隔离法和化学抑制法。

第六章　地理与百家姓知识

第一节　中国地理概况

(一)中国的地理概况

中国位于赤道以北,亚洲东部,太平洋西岸,其版图被形象地比作一只头朝东尾朝西的金鸡。

中国陆地总面积约960万平方公里,在世界各国中,仅次于俄罗斯和加拿大,居第三位。

(二)中国的行政区域划分

目前,中国有34个省级行政区,即23个省、4个直辖市、5个自治区和2个特别行政区。

(三)难认地名拼音注释

中国东北、华北地区难认地名;

中国华东、中南地区难认地名;

中国西南、西北地区难认地名。

第二节　中国的交通运输

(一)航空运输以及重要航空公司标志、代码和名称

(二)公路运输概况

国道主干线——五纵七横;

国家干线公路路线:1字头表示是以北京为起点的放射状干线公路,2字头是南北纵向干线公路,3字头是东西横向干线公路。

(三)铁路运输概况

目前,我国铁路已基本形成以北京为中心,以四纵、三横、三网和关内外三线为骨架,可通达全国的省市区的铁路网。

第三节　世界地理概况

(一)世界地理概况

地球表面总面积约5.1亿平方公里,其中陆地面积约1.49亿平方公里,占地表面积的29.2%;海洋面积约3.61亿平方公里,占总面积的70.8%。

四大洋:太平洋、大西洋、印度洋、北冰洋。

七大洲:按面积大小依次为亚洲、非洲、北美洲、南美洲、南极洲、欧洲、大洋洲。

(二)主要国家所属大洲。

亚洲主要有中国、日本、韩国、印度、柬埔寨、伊朗、哈萨克斯坦等48个国家和地区;

非洲主要有:埃及、肯尼亚、南非、尼日利亚等56个国家和地区;

北美洲主要有:加拿大、美国、墨西哥、巴拿马等37个国家和地区;

欧洲主要有俄罗斯、英国、法国、荷兰、意大利、德国、芬兰、西班牙、瑞典等45个国家和地区;

南美洲主要有:巴西、阿根廷、智利乌拉圭等12个国家;

大洋洲主要有:新西兰、汤加、斐济等14个独立国家和十几个地区。

第四节　百家姓知识

(一)百家姓单姓的读音

(二)百家姓复姓的读音

第七章　计算机与条码知识

第一节　计算机知识

(一)计算机的硬件系统

微处理器CPU、存储器、输入设备、输出设备。

(二)计算机的软件系统

计算机软件分为系统软件和应用软件。

系统软件,是指管理、监控和维护计算机资源的软件,如操作系统、汇编和编译程序等语言处理程序、系统实用程序等。

考生应认识各类常见的系统软件。

应用软件,是为解决实际问题或达到一定的应用目的而编制的程序,如办公软件、杀毒软件、媒体播放软件、图片处理软件以及一些行业专业软件等。

考生应认识各类常见的应用软件。

(三)计算机病毒知识

(四)计算机网络基础

计算机网络，是把多个发布在不同地点、具有独立自主功能的计算机通过通信方式连接起来以便进行信息交换、资源共享或协同工作的系统。

互联网的主要技术和应用。

(五)计算机日常维护

(1)计算机系统的日常保养；

(2)显示器的日常保养；

(3)键盘鼠标的日常保养；

(4)打印机的日常保养。

第二节　条形码技术知识

(一)条形码技术的概念

(二)条形码技术的特点

输入速度快、准确度高、可靠性强、灵活实用。

(三)快递行业普遍使用的条形码类别

39 码、128 码、PDF417 码。

第八章　相关法律、法规和标准的规定

第一节　《中华人民共和国邮政法》及其实施细则的有关规定

(一)《中华人民共和国邮政法》的主要规定

(二)《中华人民共和国邮政法》的实施细则

第二节　《快递市场管理办法》的有关规定

(一)对快递服务基本制度的规定

(二)对快递市场管理方式的规定

(1)要求企业实行备案制度；

(2)统计调查制度；

(3)服务质量公告制度;

(4)行业自律制度;

(5)信息报送制度。

第三节 《快递服务》标准的有关规定

(一)对市场准入的规定

企业资质方面:规定快递服务组织及其分支机构必须到国家行政主管部门登记、备案,并具备一定的资金、场地和设备,以及最低雇佣15名合格的员工,才准予开业。

员工资质要求:快递业务人员必须具备相应的教育背景和职业资格条件,取得相应的国家职业资格证书,才能持证上岗。

(二)对服务标准的规定

运单的实物保存期限不少于1年,快递电子运单文档保存期不少于2年。

第四节 《中华人民共和国民法通则》标准的有关规定

(一)民事权利

民事权利是民事主体实现自己某种利益的可能性。

民事权利包括财产所有权、债权、知识产权和人身权。

(二)民事责任

《中华人民共和国民法通则》第一百零六条规定:“公民、法人违反合同或者不履行其他义务的,应当承担民事责任”。

承担民事责任的方式主要有:停止侵害、排除妨碍、消除危险、返还财产、恢复原状、修理、重作、更换、赔偿损失、支付违约金、消除影响、恢复名誉、赔礼道歉。

第五节 《中华人民共和国合同法》的有关规定

(一)合同概念和分类

(二)合同的一般规定

(1)合同内容;

(2)合同形式;

(3)要约;

(4)承诺;

(5)合同成立;

(6)格式条款。

(三)违约责任

违约责任的形式分为:不履行合同义务和履行合同义务不符合约定两种。

第六节　《中华人民共和国刑法》的相关知识

(一)刑法对故意延误投递邮件的规定

处以两年以下有期徒刑或者拘役。

(二)刑法对私自开拆、隐匿、毁弃邮件电报的规定

处以两年以下有期徒刑或者拘役,对犯有本罪并窃取财物的,以盗窃罪定罪并从重处罚。

(三)盗窃与职务侵占罪

公司、企业中的从事劳务活动的人员,如工人、搬运工、售货员、驾驶员等,利用自己在单位工作,接触生产资料、劳动工具等财物的方便,乘机窃取、骗取单位财物的,应当以盗窃罪论处。

第七节　《中华人民共和国消费者权益保护法》相关知识

(一)消费者的权利

保障安全权、知悉真情权、自主选择权、公平交易权、依法求偿权、维护尊严权、监督批评权。

(二)争议解决的途径

双方当事者自行协商,请求消费者协会调解,向有关行政部门提出申诉,提请仲裁机构进行仲裁,向人民法院提起诉讼。

第八节　《中华人民共和国道路交通安全法》相关知识

(一)道路交通事故处理要点

在道路上发生交通事故,车辆驾驶人应当立即停车,保护现场;造成人身伤亡的,车辆驾驶人应当立即抢救受伤人员,并迅速报告执勤的交通警察或者公安机

关交通管理部门。因抢救受伤人员变动现场的,应当标明位置。乘车人、过往车辆驾驶人、过往行人应当予以协助。

第九节 《中华人民共和国国家安全法》相关知识

(一)危害国家安全行为的定义及表现

(二)危害国家安全的罪行及刑事责任

(1)为境外窃取、刺探、收买、非法提供国家秘密、情报罪;

(2)故意泄露国家秘密罪;

(3)非法获取国家秘密罪。

第十节 《万国邮政联盟公约》相关知识

《万国邮政联盟公约》第三十二条对快递函件的规定细则。

二、快件收派相关知识考试要点

第九章 快件收寄

第一节 国内快件收寄

(一)国内快件收寄流程

1. 收寄流程的概念

收寄流程,是指业务员从客户处收取快件的全过程,包括验视、包装、快件详情单填写和款项交接等环节。收寄可分为上门揽收及网点收寄两种方式。

2. 收寄流程

在快件收寄的两种方式中,上门揽收便捷、灵活,网点收寄服务场所固定、服务种类齐全。两种方式的工作流程有许多相似之处,但上门揽收的工作环节更多,要求也更高,共分 15 个步骤。

(二)国内快件重量、规格与运输

1. 快件重量

《快递服务》对快件重量的规定为:国内单件快件不宜超过 50kg。快件一般以单件、小件为主,但是有时也会出现大重量、大体积的快件。

2. 快件规格

根据《快递服务》的规定，快件的单件包装规格任何一边的长度不宜超过150cm，长宽高三边长度之和不宜超过300cm。不同运输方式对快件规格的要求也有所不同。

(1)发运航空快件的规格

对于航空快件，由于各公司运输快件的机型各不相同，导致各航空公司对快件的要求也不尽相同。一般来说，非宽体飞机载运的快件，每件快件重量一般不超过50kg，体积一般不超过40cm×60cm×100cm。

(2)发运铁路快件的规格

①铁路运输所承运的快件，单件快件的体积以适于装入客运列车行李车箱为限，但是根据《铁路货物运输规程》规定：按零担托运的货物，一般体积不得小于0.02m^3(一件重量在10kg以上的除外)。

②铁路货车车厢的规格为长15.5m、宽2.8m、高2.8m，快件的体积不得超出车厢的规格，确定铁路运输快件的最大尺寸，同时还须考虑车门的尺寸。

(3)发运公路快件的规格

快件公路运输通常都是使用货车，各个运输环节根据货量大小选择不同吨位的货车，确定快件尺寸规格时须考虑与货车规格相匹配。

3.快件运输

(1)航空运输：航空运输适用于长距离快件运输，当运输距离超过1 000km，一般适宜使用航空运输。航空运输具有速度快、安全性好、破损率低等优点；缺点是易受天气因素影响、费用高、运量小。

(2)公路运输：公路运输适用于中、短途运输，当运输距离小于1 000km时，一般适宜使用公路运输。公路运输具有机动灵活、简单方便等优点；缺点是载重量小、成本高等。

(3)铁路运输：铁路运输适用于中、长途运输，当距离超过800km时，适宜使用铁路运输。铁路运输具有运输量大、费用低廉，不宜受天气影响等优点；缺点是运输速度相对较慢，且运输目的地易受铁路线路的限制，组织不灵活。

(三)国内快件包装

快件的包装是否符合运输要求，对保证快件安全、准确、迅速的传递起着极为重要的作用。判断包装是否牢固和符合运输要求,主要看经过包装后的快件是否能经受长途运输和正常碰撞、摩擦、震荡、压力以及气候变化而不致损坏。

1. 快件包装的原则

(1)适合运输原则;

(2)便于装卸原则;

(3)适度包装原则;

(4)安全防盗原则。

2. 快件包装的材料

包装材料在功能上主要分为外包装材料和内部填充材料。外包装材料主要包括包装袋、包装盒、包装箱、包装桶等;内部填充材料则主要包括气泡膜、海绵、泡沫板、珍珠棉等。

(1)包装袋

包装袋一般是筒管状结构,一端预先封死,在包装结束后再封装另一端。包装操作一般采用充填操作。包装袋按照尺寸可以分成以下三种类型:

①集装袋;

②一般运输包装袋;

③小型包装袋。

(2)包装盒

包装盒是介于刚性和柔性包装两者之间的一种包装。此类包装材料具有较高的抗压强度且不易变形等特点。常见的包装盒如下。

①木质包装盒:茶叶盒、首饰盒等;

②铁质包装盒:月饼盒、珠宝盒等;

③塑料包装盒:眼镜盒、VCD包装盒等。

(3)包装箱

包装箱是刚性包装技术中的重要一类。包装材料为刚性或半刚性,有较高强度且不易变形。常见包装箱有以下几种:

①瓦楞纸箱;

②木箱;

③塑料箱。

(4)包装筒

包装筒是筒身各处横截面形状完全一致的一种包装容器,是刚性包装的一种。包装筒主要有两种:

①小型包装筒;

②中型包装筒。

(5)常见内部填充材料及作用

①海绵块。其用于易碎物品的填充,可缓解在搬运过程中的寄递物品受到的外部作用力。

②气泡膜。气泡膜表面柔软,且有气泡,可有效缓冲运输中外力对寄递物品的震荡性损伤,主要适用于电子产品。

③珍珠棉。此填充物体积小、有弹性,用于填充包装空隙,或对易碎物品填充,以保障快件运输安全。

④隔离段。防止寄递物品相互碰撞而造成的快件伤损,其主要用于易碎类物品,如手机、玻璃杯等。

⑤发泡胶。发泡胶不仅能够缓冲或者减少在运输过程中因货件与箱体碰撞而引起的货件损坏,还可缓解外界货物对该货件的挤压,适用于易碎以及表面易划伤的货物包装。

⑥防震板。俗称泡沫、泡沫板,为内填充材料,当快件受到震荡或坠落地面时,能起发挥缓冲、防震的效果,在防震、防破损包装中起重要作用。

⑦充气型塑料薄膜。其可以作为小件物品的减震填充。

3.快件包装的技术

(1)防震保护

防震包装主要有以下三种方法。

①全面防震包装方法

使用材料:主要有纸箱、气泡膜、海绵、泡沫板等。

应用范围:主要适用于手机、相机、手表、MP4、陶瓷工艺品等易碎、易损的高价值物品。

②部分防震包装方法

使用材料:纸箱、防震板、充气型塑料薄膜防震袋等。

应用范围:主要适用于液晶电视机、电视机、显示器、电脑主机、仪器仪表等。

③悬浮式防震包装法

使用材料:纸箱(木箱)、绳子、弹簧、吊环等。

应用范围:精密电子仪器等。

(2)防破损保护

为了避免快件破损,在包装过程中应采取以下几种防破损保护技术:

①捆扎及裹紧技术;

②集装技术;

③选择高强度保护材料。

4.快件包装的注意事项

(1)适度包装,不能片面追求寄递物品的安全性而导致包装材料的浪费;

(2)禁止使用报刊类物品、塑料薄膜类物品作为快件的外包装;

(3)对于重复利用的旧包装,需将原有快件详情单标志及其他特殊标志清楚后再使用;

(4)对于价值较高快件,在做好快件包装的同时,建议客户选择保价或保险业务;

(5)在使用纸箱包装快件的过程中,应根据寄递物品的重量体积选择合适强度的纸箱,避免因纸箱强度不够,导致快件损坏。

(四)禁寄物品规定

1.《禁寄物品指导目录及处理办法(试行)》

(1)禁寄物品

禁寄物品,是指国家法律、法规禁止寄递的物品。

(2)禁寄物品处理办法(表9)

2.禁寄物品的识别

(1)对于客户交寄的每一件快件认真执行“开箱验视”工作。

(2)准确、详细了解并掌握禁限寄物品的有关规定及处理办法。

3.禁寄物品区分

由于快件原寄地和目的地的不同,以及快件运输方式的区别,不同的地区和运输方式对禁限寄物品的规定有所不同。

禁寄物品处理办法　　表9

各类禁寄物品	处理办法
武器、弹药等	通知公安部门处理,疏散人员,维护现场。同时通报国家安全机关
放射性物品、生化制品、麻醉药物、传染性物品和烈性毒药等	通知防化、公安部门,按应急预案处理。同时通报国家安全机关
易燃易爆等危险物品	收寄环节发现的,不予收寄;经转环节发现的,应停止转发;投递环节发现的,不予投递
危害国家安全和社会政治稳定以及淫秽的出版物、宣传品、印刷品	通知公安、国家安全和新闻出版部门处理
妨害公共卫生的物品和容易腐烂的物品	视情况通知寄件人限期领回,无法通知寄件人领回的可就地销毁
包装不妥,可能危害人身安全,污染或损毁其他寄递物品和设备的物品	收寄环节发现后,应通知寄件人限期领回;经转或投递中发现的,应根据具体情况妥善处理
禁止进出境的物品	移交海关处理
其他情形	通知相关政府监管部门处理

(1)常见陆运禁寄物品

礼花、鞭炮、摔炮、拉炮、发令纸、干冰、打火机、汽油、煤油、柴油、苯、酒精、油漆、油墨、煤、松香、石蜡、活性炭、白磷、黄磷、油麻、金属钠、镁铝粉粉末状物品(不论何种颜色)、膏状物品(如牙膏等)、白色晶状物品;杀虫剂、灭草剂、砷及其化合物、汞及其化合物、氰及其化合物硫酸、硝酸、盐酸、氯磺酸、冰醋酸、烧碱、双氧水等。

(2)常见航空禁寄物品

常见航空禁寄物品除常见陆运禁寄物品外,还主要包括验钞机、音箱、磁铁等含磁性的物体,电池不可拆卸的电动玩具等。

(五)快件更址、撤回

1.快件更址

快件更址是在快件寄出后未派送(出口验关)前，由寄件人提出更改收件人名址，由快递企业将快件递送至新地址的过程。

(1)快件更址的条件

①同城快件和国内异地快递服务:快件只要还未派送至收件人处;

②国际快件及港澳台快递服务:快件尚未出口验关前可更改地址。

(2)快件更址的流程

如果快件满足更址条件，可以进行更址操作。根据快件状态的不同，快件更址操作的方式也有所区别。

①快递业务员未离开寄件人;

②快递业务员离开寄件人。

2.快件撤回

快件撤回，是指快递企业根据寄件人的申请，将已经交寄给快递企业的快件取消寄递并退还给寄件人的一种服务。快件撤回需要满足相应的条件才可以申请。

(1)快件撤回的条件

①同城和国内异地快递服务:对尚未首次派送或已经首次派送但未派送成功的国内快件，快递企业应提供撤回服务。

②国际及港澳台快递服务:快件尚未出口报关。

(2)快件撤回的流程

(3)快件撤回注意事项

①确定核实快件状态;

②告知客户撤回需要的收费标准;

③告知客户填写撤回申请单。

(六)快件查询、赔偿

1.快件查询

快件查询，是指快递企业向寄件人反馈快件状态的一种服务方式。客户可以通过快件详情单号码查询跟踪相应快件的状态。

(1)查询渠道

快件查询渠道主要包括网站查询、网点查询、电话查询三种方式。

(2)查询内容

①快件目前所在位置及预计到达目的地的时间;

②快件因何原因未及时送达;

③快件损坏或遗失的处理进度情况。

(3)查询答复时限

对于通过互联网不能查询的快件,客户电话查询快件状态时,快递企业应在30分钟之内告知客户;对于不能提供快件即时信息的,应告知客户彻底延误时限以及索赔程序等。

(4)查询信息有效期

查询信息的有效期应为快递企业收寄快件1年之内。

2.快件赔偿

客户在使用快递服务过程中,如果快件发生延误、丢失、短少、损毁等情况,致使快件失去部分或全部价值时,客户有权利向快递企业进行索赔。

(1)快件索赔的程序

①索赔申告;

②索赔受理;

③索赔处理。

在客户的快件发生延误、丢失、短少、损毁的情况时,索赔处理一般分以下两种情况:

a.快件发出时客户与快递企业有事先约定的,按照约定情况执行;

b.快件发出前客户没有与快递企业约定的,按有关规定处理。

3.快件索赔和赔偿注意事项

(1)由于客户的责任或者所寄物品本身的原因造成快件损失的,快递企业不承担赔偿责任;

(2)由于不可抗力的原因造成快件损失的,快递企业不承担赔偿责任;

(3)客户自交寄快件之日起满1年未查询又未提出赔偿要求的,快递企业不承担赔偿责任;

(4)快件赔付的对象应为寄件人或寄件人指定的受益人。

(七)快递合同知识

1.合同的基本知识

(1)合同的概念

(2)合同的法律特征

①合同是平等的民事主体之间的协议;

②合同是一种民事法律行为;

③合同以设立、变更或终止民事权利义务关系为目的;

④合同是双方或多方的民事法律行为。

(3)合同的成立与生效

合同有效成立的5个条件:

①双方当事人应具有实施法律行为的资格和能力;

②当事人应是在自愿的基础上达成的意思表示一致;

③合同的标准和内容必须合法;

④合同双方当事人必须互为有偿;

⑤合同必须符合法律规定的形式。

(4)快递合同的类型

快递企业使用的合同类型主要是格式合同。格式合同,是指全部由格式条款组成的合同,也称定式合同、标准合同、附从合同。如果合同中只有部分是以格式条款的形式反映出来的,则称之为普通合同中的格式条款。

(5)国内快递服务协议

2.快递合同种类

目前快递合同种类较多,主要包括以下几种类型:快件详情单、记账结算协议、代收货款协议、批量折扣协议等。

(1)快件详情单

快件详情单也称运单,是快递企业用来详细记录快件信息的单据。它不仅是快件信息的载体,而且还是快递企业和客户之间的建立运输关系的契约和凭证。

①寄件人的责任和义务;

②快递企业的责任和义务；

③免责条款；

④索赔期限；

⑤赔偿标准。

快递企业在服务过程中造成快件延误、损毁、丢失的，应承担赔偿责任。对于快件丢失的赔偿标准主要有：

a.购买保险或保价快件的，按照保险或保价金额进行赔偿；

b.对于未购买保险或保价的快件，依据民事法律执行。

(2)记账结算协议

(3)代收货款协议

(4)批量快件折扣协议

3.快递合同签订注意事项

(1)审查对方的真实身份、诚信意愿和履约能力；

(2)保证合同签订形式适当和重要条款的完备；

(3)审查合同订立手段和内容是否合法。

第二节　国际及港澳台快件收寄

(一)国际快件收寄

国际快递业务与国内快递业务相比，流程大致相同，都要经历快件收寄、分拣、转运、派送等基本过程，但是因为国际快递业务在运输过程中需要经过进、出境环节，所以在进出境的过程中应当遵照各个国家进出境的相关法律和要求。

国际快件在寄递过程中，需要根据海关的相关规定，准备相应的资料，如发票、报关委托书等。

1.国际快件收寄

(1)国际快件分类

国际件按照通用方法，一般分为文件、包裹两类。

①文件类：是指法律、法规规定予以免税且无商业价值的文件、单证、票据及资料，品名申报为“DOC(文件)”，价值申报为“0美元”。

②包裹类：指法律法规允许进出境货样、广告品，需要按货物实际价值进行申

报。包裹类快件需要客户提供形式发票(或商业发票)。包裹根据其申报价值的高低又分为低价值包裹和高价值包裹。各国对低价值包裹与高价值包裹的划分不尽相同。

(2)国际快件收寄流程

国际快件的收寄过程与国内快件基本一致。国际快件的收寄相对于国内快件收寄主要增加了单证检查的的环节。

(3)国际快递业务区域分类

世界区域共分为七大洲,分别是亚洲、非洲、北美洲、欧洲、南美洲、南极洲、大洋洲。国际快件按照区域主要分为亚洲、非洲、北美洲、欧洲、南美洲、大洋洲。

(4)国际快件的重量和规格要求

①重量限度:国际快件每件最高重量50kg,有的国家对包裹限重20kg、15kg或10kg。因此,包裹重量限度应以寄达国家规定为准。我国采用的单件最高重量限度为50kg,单票不超过250kg。

②规格限度:非宽体飞机载运的快件,每件快件重量一般不超过80kg,体积一般不超过40cm×60cm×100cm。宽体飞机载运的快件,每件快件重量一般不超过250kg,体积一般不超过100cm×100cm×140cm。快件重量或体积如果超过以上标准,快递企业可根据各企业实际情况确认是否收寄。

(5)国际快件服务费用

①费用组成

国际快件因涉及出、入境等相关操作,所以国际件的收费除了正常资费之外,一般情况下还会有燃油附加费、包装费、偏远地区附加费、保价费以及垫付关税、商检费、保险费等费用。

②资费计算

在国际快递业务中,一般采用首重加续重计算方法,资费计算公式为:

资费=首重价格+(计费重量-首重)×单价

(6)国际快件对禁限寄物品的要求

①中国海关限制进境的物品;

②中国海关限制出境的物品;

③寄递物品检查注意事项：

a. 如客户寄递物品为粉末状物体、液体、结晶体或疑似危险品，经授权单位检测后认定为非危险品，才可作为“非危险品”运输。

b. 如客户寄递物品为磁性物品，则需对磁性物体做防磁处理，并进行验磁检测，出具报告后方可寄递。

(7)国际快件包装的特殊要求

国际快件的包装不仅要满足运输要求，还要符合寄达国海关和相关运输工具的要求。有些目的地国家为了保护本国资源，对进口物品实行强制的检疫。木质包装熏蒸就是为了防止有害病虫危害进口国森林资源所采取的一种强制措施。

2. 国际快件详情单

国际快递业务的详情单一般一式五联，分别是寄件人存根联、快递企业收件存根联、收件人存根联、随包裹报关联、快递企业派件存根联。其中每联的内容和版式完全相同，与国内快递业务详情单相比增加了随包裹报关联。

(1)国际快件详情单内容填写及要求

国际快递业务的详情单与国内快递业务详情单相比，填写基本内容相同，需注意的主要有以下几个方面：

①寄递物品的申报价值；

②寄递物品品名；

③始发地和目的地代码；

④区分快件种类；

⑤根据快件种类核实客户准备的单证是否齐全；

⑥保险；

⑦确认关税支付方；

⑧确认快件费用支付方；

⑨寄递物品的货物税号 HS CODE，即海关编码；

⑩企业海关注册号。

(2)国际快件详情单填写注意事项

①寄件人和收件人名址应使用英文、法文或寄达国通晓的文字书写。如用英

文、法文之外的文字书写时,应使用中文、英文或法文加注寄达国国名和地名。

②文件类快件可只填写快递详情单,物品类快件除填写快递详情单外还应填写形式发票。

③内件品名及详细说明等内容,应使用英文填写,申报价值以美元表示。

注:寄往香港、澳门、台湾地区的快件,寄件人、收件人名址可以只用中文书写。

(3)常用寄递物品中英文对照

(二)海关清关

1.海关概述

(1)海关监管的目的和范围

①海关监管的目的

海关对进出口快递物品监管,目的是防止利用非贸易性渠道从事非法贸易和其他违法活动。

②海关监管的范围

《中华人民共和国海关对进出境快件监管办法》将进出境快件分为文件类、个人物品类和货物类三类。

(2)海关对进出境快件监管的基本要求

2.进出境快件的清关要求及流程

(1)清关的概念

清关,是指海关对快递服务组织呈交的单证和快件依法进行审核、查验、征收税费、批准进口或出口的全部过程。

(2)各类报关快件的申报方式

按照快件类型,报关方式主要分为以下几种:

①文件类进出境快件报关时,运营人应当向海关提交中华人民共和国海关进出境快件 KJ1 报关单、总快件详情单(副本)和海关需要的其他单证。

②个人物品类进出境快件报关时,运营人应当向海关提交中华人民共和国海关进出境快件个人物品申报单、每一进出境快件的分快件详情单、进境快件收件人或出境快件发件人身份证件复印件和海关需要的其他单证。

③货物类进境快件报关时,运营人应当按不同情形分别向海关提交报关单证。

④货物类出境快件报关时,运营人应按不同情形分别向海关提交报关单证。

⑤对上述以外的其他货物,按照海关对进出口货物通关的规定办理。

(3)出境快件流程

(4)出口正式报关(D类)清关流程

①需客户提供的清关资料;

②申报注意事项。

(5)报关范围

按照法律规定,所有进出境运输工具、货物、物品都需要办理报关手续。报关的具体范围如下:

①进出境运输工具;

②进出境货物;

③进出境物品。

(三)形式发票

形式发票也称预开发票、估价发票或试算发票,是快递企业按照海关要求提供的,证明所寄物品品名、数量、价值的,以便海关进行监管的报关文件。

形式发票一般包括发件人的信息、收件人的信息、发票号、日期、商品编码、品名、数量、单价、总价、币制等信息。

形式发票必须全英文填写,并且要求填写准确清晰,不得涂改。填写注意事项如下。

(1)快件详情单号:与快件详情单单号一致;

(2)寄件方、收件方须与快件详情单上保持一致;

(3)寄递物品详细信息:必须详细填写快件每一类寄递物品的详细信息,以及寄递物品名称分类;

(4)原产地:与快件详情单中的原产地填写一致,只填写原产地国家的二字代码;

(5)发件用途:客户根据实际情况提供;

(6)商品编码:根据实际情况填写;

(7)寄件人签名和日期:与快件详情单上填写内容保持一致。

(四)国际快件相关文件

1.装箱单

(1)装箱单

装箱单是发票的补充单据,它列明了信用证(或合同)中买卖双方约定的有关包装事宜的细节,便于国外买方在货物到达目的港时供海关检查和核对货物。

(2)装箱单的填写

装箱单:在中文"装箱单"上方的空白处填写出单人的中文名称地址,"装箱单"下方的英文可根据要求自行变换。

2.代理报关委托书

代理报关委托书是托运人委托承运人或其代理人办理报关等通关事宜,明确双方责任和义务的书面证明。委托方应及时提供报关、报检所需的全部单证,并对单证的真实性、准确性和完整性负责。

(1)委托方责任;

(2)被委托方责任;

(3)赔偿原则;

(4)收费原则。

(五)常见国家、首都的中英文名称、缩写电话区号和邮编格式

(六)港澳台快件收寄及英文名称、缩写和航空代码

(七)常用国际口岸名称、缩写和代码

1.口岸的概念

口岸,是供人员、货物、物品和交通工具直接出入国(关、边)境的港口、机场、车站、跨境通道等。口岸按开放程度分为一类口岸和二类口岸。

2.航空代码

航空代码,指的是机场航空代码,按国际航空运输协会(IATA)制定的代表不同机场的特定代码,由三个字母代表,故简称航空代码。

(八)常用国际快递航线和航班

国际快件因运输距离较长,为保证快件的传递速度,几乎大多数国际快件都是采用航空运输的方式进行传递。目前,国际间快递往来主要采用两种方式进行运输。

(1)利用国际往来客机的腹舱进行运输;

(2)各快递企业根据运营的实际情况及航空货量开设自己的专线航班进行货物转运。

第三节　后续处理

(一)优先快件交接处理

1. 优先快件

优先快件,是指时限要求较高、或客户有特殊时限要求等原因,需要优先处理快件的统称。

2. 优先快件的处理原则

(1)优先处理;

(2)单独交接;

(3)登记备案。

(二)保价快件交接处理

1. 保价快件

保价快件,是指客户向快递企业申明快件价值,快递企业与客户之间协商约定由寄件人承担基础资费之外的保价费用。

2. 保价快件的处理原则

(1)单独存放;

(2)单独交接;

(3)登记备案;

(4)分开操作。

(三)到付快件与代收货款快件交接处理

1. 到付快件与代收货款快件

到付快件,是指寄件人和收件人商定,由收件人在收到快件时支付快递资费的一种快件。代收货款快件快递企业接受寄件人委托,在投递快件的同时,向收件人收取货款的快件。

2.到付快件与代收货款快件的处理原则

(1)检查是否贴有相应的贴纸,如“到付贴”或“代收货款贴纸”;

(2)检查相应的收款单据是否具备。

(四)国际快件单据的交接

因国际件涉及报关等业务,所以国际件的操作不同于国内快件,要求将快件详情单等详细单据资料提前汇总,整理后进行处理。

(1)整理单据;

(2)交接单据。

(五)收寄信息复核

1.收寄信息复核

收寄信息复核,是指快递业务员当班工作结束后,将实际收寄信息与信息处理系统中的预定信息相复核的过程。

2.预定收寄信息复核的内容和方法

(1)核对当班次收寄信息的数量;

(2)预定收寄信息与实际收寄信息是否匹配。

3.收寄信息复核异常的处理方法

(1)预定收寄信息未全部下载;

(2)预定收寄信息已下载但未处理。

4.预定收寄信息复核的意义

(1)有效的防止人为失误而导致的客户不满;

(2)及时发现快件问题,及时补救,保障客户的利益,降低客户和企业的损失,减少资源浪费,提高客户的满意度。

(六)营业款清点

1.营业款

营业款,是指客户在享受快递服务时所需要支付给快递企业费用的总和。包括资费、包装费、附加服务费等,某些涉及国际业务的企业还应收取燃油附加费等费用。

2. 营业款清点

(1)点钞的基本要领；

(2)点钞的基本方法。

第十章　快件派送

第一节　国内快件的派送

(一)派前准备

派前准备，是指快递业务员在派送快件出发前，为保证快件派送的时限，确保派送服务水平，所做的一系列准备性工作。

1. 派前准备的工作内容

(1)派前准备流程；

(2)派前准备流程说明；

(3)注意事项。

2. 特殊快件的交接

(1)优先快件交接；

(2)保价快件交接；

(3)到付快件、代收款快件交接；

(4)详情单脱落快件的交接；

(5)详情单书写潦草、模糊不清快件的交接；

(6)收件人名址不详快件的交接。

(二)派送服务

派送服务，是指快递业务员完成派前准备工作后离开营业网点，按照预先规划好的派送路线，依次到达派送目的地，交由客户签收，完成派送任务的工作过程。

1. 派送服务的流程

(1)派送服务流程

(2)派送服务流程说明

(3)注意事项

①快件装卸搬运注意事项；

②交通安全注意事项；

③恶劣天气派送快件安全注意事项；

④快件派送安全保管注意事项；

⑤快件签收注意事项；

⑥资金安全保管注意事项。

2.派送服务的基本原则

(1)安全派送原则；

(2)保证派送时限原则；

(3)信息保密原则。

3.问题件的派送

(1)详情单书写潦草快件的派送；

(2)名址不详快件的派送；

(3)信息不完整快件的派送；

(4)金额不符快件的派送。

4.派送异常情况处理

(1)客户搬迁、客户离职情况处理

(2)客户外出情况处理

①个人快件；

②单位快件。

(3)客户拒收、拒付情况处理

①外包装破损；

②内件不符。

(4)遗失快件情况处理

(5)突遇交通堵塞、交通事故情况处理

第二节　国际快件的派送

(一)派前准备

1.派前准备流程

2.派前准备流程说明

(1)整理仪容仪表;

(2)单证准备;

(3)发票准备;

(4)收款信息准备;

(5)设备准备;

(6)接收验视;

(7)审核详情单,核对批译内容;

(8)快件排序;

(9)扫描快件、传输数据;

(10)制作派送路单;

(11)信息比对;

(12)装运快件。

(二)派送服务

1.派送服务流程

2.派送服务流程说明

(1)送件上门;

(2)向客户确认快件;

(3)提示客户验收快件;

(4)收取应收款;

(5)指导客户签收;

(6)派送信息记录。

(三)代缴关税快件的派送

1.关税的收取方式

(1)关税记账;

(2)关税现结;

(3)关税记账转第三方。

2.代缴关税快件的派送

(四)到付国际快件的派送

(1)到付现结快件的派送;

(2)到付记账快件的派送。

第三节 派送路线设计

派送路线,是指将业务员在派送快件时所经过的地点或路段,按照先后顺序连接起来所形成的路线。派送路线是业务员派件行走的轨迹,合理设计派送路线可以节约派送时间,提高派送效率。

(一)设计派送路线的作用和意义

(1)派送路线设计的作用;

(2)派送路线设计的意义。

(二)派送路线设计的原则

(1)保证快件安全;

(2)保证派送时限;

(3)优先派送优先快件;

(4)优先派送保价快件;

(5)先重后轻,先大后小;

(6)减少空白里程。

(三)派送路线的结构

派送路线的主要结构形式有三种:辐射型、环型和混合型。

(1)辐射型线路,是指从营业网点出发,走直线或曲折线的线路。这种线路的优点:运行简单,适于客户分散,派送路程远的情况。缺点:返程多为空车行驶,里程利用率低。

(2)环型线路,是指业务员从营业网点出发单向行驶,绕行一周,途中经过各派件客户所处的地点,回到出发的营业网点。环形路线的优点:不走重复路线。

环型路线适合于商业集中区、专业批发市场等客户较为集中派送段派送路线的设计。缺点:快件送到最后几个派送点的时间较长。

(3)混合型路线,是指包含辐射形和环形两种结构形式的线路,适合于商住混杂区,混合型线路设计时要综合考虑里程利用率和派送时效。

(四)设计派送路线时考虑的影响因素

(1)时限因素；

(2)动态因素；

(3)静态因素。

(五)派送路线设计的方法

设计派送路线的方法主要有传统经验组织法、运筹选择法。

1. 传统经验组织法

依靠对派送段道路、客户地址地理分布、交通的熟悉情况及经验来设计派送路线。针对派送段的不同特点，选择以下不同的方法。

(1)单侧行走；

(2)"之"字形行走；

(3)单侧行走与"之"字形行走相结合。

2. 运筹选择法

(1)运筹选择法的基本思想

运筹选择法是运用运筹学的相关原理，在规划设计派送路线时，选择合理派送路线，以加快快件派送速度，并合理节约人力的方法。常用的方法是最短路径设计法。

(2)选择最短派送路线的奇偶点图上作业的步骤

第四节　后续处理

(一)争议件的处理

1. 争议件概念

争议件，是指因延误、破损、损毁、短少等原因客户拒绝签收或拒付快递费用的快件。

2. 争议件分类

争议件按照快件出现问题的不同情况进行分类可分为：延误快件、破损快件、损毁快件、短少快件等。

3. 争议件交接

对客户拒绝签收或拒付服务资费的争议件，快递业务员当场将客户拒收、拒付的原因批注在快件详情单上,并在规定的时间内,带回营业网点移交给指定处理人员。

(1)返回营业网点;

(2)整理复核争议件;

(3)交接检查;

(4)复重;

(5)争议件登记;

(6)移交争议件。

(二)派送信息复核

1.派送信息复核的定义

派送信息复核,是指快递业务员,对已送达的快件及无法派送快件进行复核。

2.派送信息复核的方法

派送信息复核时,必须进行逐票核对。逐票核对的方法:对照派送路单(派送清单),逐票核对清点已签收快件与无法派送快件的数量是否与派送路单中快件的数量平衡;按顺序逐票核对已签收快件的签收批注和应收款的收取情况;逐票核对无法派送快件是否进行异常派送批注。

3.派送信息复核的内容

(1)按址派送信息复核内容;

(2)自取快件派送信息复核内容。

4.派送信息复核处理

(1)快件数量异常的处理;

(2)遗漏未派快件的处理;

(3)签收批注异常情况的处理;

(4)误派快件的处理;

(5)错、漏收取应收款的处理。

(三)到付款与代收款的移交

到付款和代收款的移交,主要是指业务员将从客户处收取的到付款和代收款与快递企业财务人员之间进行交接的过程。

1.办理款项交接手续

(1)整理收款资料；

(2)出具交款清单；

(3)核对交款清单；

(4)交款签字。

2.款项差异处理方法

(1)先将营业款暂存财务部门,财务人员给业务员开具收款证明；

(2)核查差异原因。

第十一章　客户服务

第一节　快递客户服务概述

(一)快递客户服务

1.快递客户的含义

快递客户,是指快递企业提供产品和服务的对象。

2.快递客户服务的基本内容

(1)快递客户服务的概念

快递客户服务是快递企业与客户交流的一个完整过程,包括听取客户的问题和要求,对客户的需求做出反应并探询客户新的需求等内容。

①快递客户服务的宗旨是客户满意；

②快递客户服务的内容是满足客户的需求；

③优质的客户服务是快递企业对客户的情感投资。

(2)快递客户服务的基本要素

①快递客户服务的目的；

②快递客户服务的原则；

③快递客户服务的方式。

3.快递客户服务的理念

(1)站在客户立场看问题；

(2)关注客户的情绪,控制自己的情绪；

(3)慎重对待诺言,说了就要做到;

(4)勇于承担责任;

(5)谦虚是业务员做好服务的要素之一;

(6)视客户为亲友;

(7)注重服务细节。

(二)快递客户服务的意义

(1)优质的客户服务是最好的企业品牌;

(2)优质的客户服务使企业具有超强的竞争力;

(3)优质的客户服务是防止客户流失的最佳屏障。

第二节 业务推介

(一)快递客户分类

1.客户的分类方法

(1)按客户与快递企业的空间位置关系分类

快递客户可分为外部快递客户和内部快递客户。

(2)按客户价值大小分类

从快递客户给企业带来的收益和价值来看,快递客户大致可以分为三类:高端客户、中端客户和大众客户。

(3)按客户所在市场类型分类

①专业市场客户;

②中央商务区客户群。

(4)按客户所处状态分类

①忠诚客户;

②新增客户;

③潜在客户;

④流失客户。

(5)按其他方式分类

①按客户所处地理位置的不同,可分为国外客户、国内客户;

②按照与客户合作领域的不同,可分为全球性客户、全国性客户、地区性客户

和行业性客户；

③按照客户的性质不同,可分为政府机构及非营利机构客户、企业集团客户、个人客户；

④按照客户的来源不同,可分为传统的客户和电子商务客户。

2.客户分类的意义

(1)通过客户的分类,有利于根据不同客户的需求和实际情况有针对性的提供服务,满足客户的需求,提高客户的价值。

(2)从企业自身的发展来看,一个企业的资源是有限的,在首先满足大客户的基础上,使企业的潜力客户和一般客户也能得到企业力所能及的服务,从而促进客户整体价值的提高。

3.客户分类管理

(1)通过对客户数据和市场情况进行分析,结合企业实际情况,确定客户分类的原则和方法；

(2)建立客户分类动态更新的方案,使分类结果能够全面真实地反映客户的重要程度；

(3)设计客户分类功能模块,将客户信息录入客户管理系统,实现客户分类的自动化和实时化；

(4)分析整合服务项目和资源,提高资源的优化分配。

(二)业务推介

业务推介,是指业务人员在收派快件过程中主动向客户介绍快递产品的行为。

1.业务推介活动的特点

(1)主动性；

(2)灵活性；

(3)互动性。

2.业务推介的基本原则

(1)满足客户需求原则；

(2)互利互惠原则；

(3)尊重客户原则。

3. 业务推介的方法

(1)自我推介;

(2)发放宣传资料;

(3)发现潜在客户;

(4)推介洽谈。

4. 业务推介失败的主要原因

(1)对业务不熟;

(2)对客户需求了解不够;

(3)对企业产品优势认识不足;

(4)忽略售后工作。

(三)客户沟通

1. 沟通

沟通是人们相互之间的一种交流方式,主要表现在生活中的聊天、闲谈,工作中交换个人的意见和看法,以获取对方的理解和帮助。沟通主要包括内部沟通和客户沟通两方面。

(1)内部沟通

快递企业应建立内部沟通机制,通过召开会议、布告栏和内部刊物、声像资料、互联网等形式,对服务提供的有效性和质量进行及时沟通。

(2)客户沟通

快递企业应提供与客户沟通的渠道,主要包括网络、电话、信函、面谈等形式。

①服务时限的承诺

包括快递企业提供的各类快递服务的时限,同城快递服务时限不超过 24 小时,国内异地快递服务时限不超过 72 小时。

②有关赔偿的承诺

包括索赔因素、赔偿原则以及受理索赔期限等。赔偿原则:快递企业与客户之间有约定的应服从约定;没有约定的按照《中华人民共和国邮政法》、《快递服务》的相关规定赔偿。赔偿期限:除与寄件人有特殊约定外,同城和国内异地快件为 30 个日历天;港澳和台湾快件为 30 个日历天;国际快件为 60 个日历天。

③投诉处理承诺

包括投诉受理程序以及投诉处理时限。快递企业在收到寄件人的索赔申告单24小时内答复寄件人,并告知寄件人索赔处理时限;快递企业与寄件人就赔偿数额达成一致后,在7个日历天内向寄件人或寄件人指定的受益人支付赔偿金。

2.客户沟通的基本方式

快递业务员与客户进行沟通,主要通过网络、电话、信函、面谈等形式。

(1)网络沟通

网络沟通的主要形式有:

①电子邮件;

②网络电话;

③网络传真;

④网络新闻。

(2)电话沟通

①礼貌用语、热情问候;

②微笑并保持语言平和;

③语言表达要准确、清晰。

(3)信函沟通

信函沟通是以书面形式进行沟通,传达信息。信函沟通能有效地增进与客户的交流。

(4)面对面沟通

常用的客户沟通技巧包括:倾听、观察、提问、陈述。

第三节　客户维护

(一)客户维护的途径与方法

1.客户维护的含义

客户维护,是指通过企业不断满足客户的需求,及时妥善地解决双方合作过程中出现的各类问题,从而与客户建立稳定的伙伴关系。

2.客户维护的途径

(1)从思想上认识到客户的重要性;

(2)培养忠诚的客户;

(3)预先考虑客户需求;

(4)赢得老客户的满意和信赖;

(5)妥善处理客户异议;

(6)建立有效的反馈机制。

3.客户维护的方法

(1)客户拜访法;

(2)电话、贺卡联络法。

(二)预防客户流失的措施

客户维护主要是做好与客户的感情联络。加强沟通、培养与现有客户的关系,与他们建立起长期可盈利关系。

1.建立良好的客户关系

建立良好的客户关系,企业首先要致力提高客户忠诚度,建立完善的客户关系管理体系,增强企业与客户的沟通和联系。感情是维系客户关系的重要方式。

2.加强服务质量管理

树立"客户至上"的服务意识,为客户提供优质服务。提高服务质量是维护快递客户忠诚的最佳保证,是保持增长和赢利的有效途径,也是对付竞争者的有力武器。

3.塑造良好的企业形象

良好的企业形象可以增加客户对快递企业所提供的产品和服务的信赖度;有助于增强客户对快递企业的忠诚度和自信心;能让快递企业在行业中处于领先地位。快递企业形象的塑造主要包括内部形象和外部形象。

4.关注现有客户

现有客户成为未来客户的几率更高。企业已经赢得了现有客户的信任和信心。另外,企业已经了解了老客户,相对一个新客户而言,企业更容易识别老客户所关注的事物和他们的需求。

5.对客户进行分类管理

(1)建立企业客户分类标准;

(2)选择快递客户。

(三)客户数据统计与管理

1. 建立客户数据库

客户数据库是业务员了解市场的重要工具之一。通过客户数据库,业务员可以连续地了解客户情况,从中看到客户的购买动态,从而对客户做出判断,并采取相应的行动。

(1)客户数据信息采集

客户维护所需要的信息包括企业内部信息与外部信息,其中内部业务人员的反馈信息是关键,快递企业需要高度重视。

①客户数据信息采集的原则

a. 真实性、客观性原则;

b. 及时性原则;

c. 完整性原则。

②客户数据信息采集的内容

a. 客户的基础资料;

b. 客户的特征;

c. 客户的交易现状;

d. 新增客户信息;

e. 个性化收派信息;

f. 客户名址变更信息。

(2)客户数据信息统计

客户信息采集后要进行统计汇总,客户信息统计在整个统计工作中,起着承前启后的作用,既是统计调查的继续,又是统计分析的前提。数据的整理一般包括数据的预处理、分类、汇总几个方面的内容。

①客户数据信息的预处理

a. 数据的审核与筛选;

b. 数据的排序。

②客户数据信息的分类

a. 按客户的性质分类:可以将客户分成政府机构、特殊企业(与本企业有密切关系的企业)、普通企业、个人等;

b. 按交易过程分类:可分为曾经有过交易的客户、正在进行交易的客户、即将进行交易的客户;

c. 按交易时间进行分类:可分为老客户、新客户和未来客户;

d. 按交易的数量和市场地位分类:可分为大客户、一般客户和零散客户。

③客户数据信息的汇总

a. 注重对客户信息的整理与利用;

b. 加强对客户信息的追踪;

c. 整合企业资源,提高管理水平。

2. 客户数据信息管理

(1)客户数据信息管理的原则

①多人负责制原则;

②管理时限制原则;

③职责分离制原则。

(2)客户数据信息管理的要求

快递企业必须严格保护客户的信息,不得出售、对外公布、泄露客户信息等,否则,应承担法律责任。

①保证客户信息的安全;

②尊重客户的隐私权;

③建立企业内部的信息共享。

(四)制订客户回访计划

根据快递企业客户信息收集的情况进行分类,制订客户回访计划,明确客户回访的目的、要求,掌握客户回访的方法和技巧。

1. 客户回访的目的

(1)建立良好的感情关系;

(2)加强与客户的沟通联系;

(3)及时了解客户的需求以及企业服务中存在的问题;

(4)传递企业的服务,在企业与客户之间起到重要的桥梁作用。

2. 客户回访工作流程

(1)大客户回访工作流程

与公司的大客户联系、会面倾谈。记录客户有关意见、不满等,请相关同事专人协助解答。然后与各部门磋商解决方法,并上报企业作出新的决策。

(2)中、小客户回访工作流程

每月制订计划确定回访客户数量,定期回访。计划每天回访的路线和内容,与客户电话联系或会面倾谈,记录客户有关意见、不满等,然后请相关同事专人解答、协助。与各部门磋商应对方法,或新服务推行方法。并上报企业作出服务上新的决策。

3. 回访准备工作

业务员必须熟悉产品或服务的知识,同时还要熟悉客户、对竞争者进行分析。

(1)熟悉客户;

(2)竞争者分析;

(3)用具的准备。

4. 初次回访的注意事项

(1)初次回访要有"受到百分之百的拒绝"的心理准备;

(2)坚定信念认为此次回访是为了客户的利益,为了建立本企业的公共关系;

(3)应持轻松的心情,持有了解对方及让对方认识自己的心情去回访;

(4)要让对方留下兴趣和关注,制造下次的回访机会;

(5)第一次的回访时间不宜太长,并确定下次回访的方式、时间等。

5. 多次回访的注意事项

多次访问的目的是为了进一步介绍快递企业及服务,获得潜在客户对快递和业务员的信赖。对于多次访问应该注意以下几点。

(1)注重礼节,不可太随便;

(2)事先准备客户有兴趣的话题,要让客户有新鲜的感觉;

(3)确认客户的需求;

(4)单位有任何的决策(业务)的变动应主动告诉客户;

(5)若已成交的客户应加强售后服务,提升客户的满意度;

(6)对方交代的事项应立即解决,要约好下次回访的时间。

第十二章　业务英语

第一节　日常用语(Daily English)

(一)日常礼貌用语(Daily Courtesies)

(1)问候(Greetings);

(2)感谢和应答(Thanks and Responses);

(3)道歉 (Apologies);

(4)告别 (Farewells)。

(二)生活用语 (Daily English)

(1)询问姓名,辨别身份(Identifying People);

(2)介绍 (Introductions);

(3)预约 (Making Appointments);

(4)关于时间 (Asking about Time);

(5)关于日期 (Asking about Dates);

(6)辨别物品(Identifying Objects);

(7) 打电话 (Making Phone Calls);

(8)询问电话号码 (Asking about Phone Numbers);

(9)询问地址 (Asking about Addresses);

(10)提问(Asking Questions);

(11)关于语言(About Language);

(12)询问价格 (Asking about Prices)。

第二节　快递业务英语 (Express Service English)

(一)服务礼貌用语(Service Courtesies)

(1)主动提供服务;

(2)询问客户是否办理其他业务;

(3)请对方重复;

(4)请稍等。

(二)业务问询 (Service Enquiries)

(1)询问寄递方式;

(2)询问快递时限;

(3)请求验视;

(4)关于支付;

(5)关于寄递物品的体积和重量。

(三)业务办理(Service Handling)

(1)请客户出示证件;

(2)关于快件详情单;

(3)这份快件无法使用航空运输;

(4)请问收件人公司的中文名字是什么;

(5)快件详情单存根请您收好,可以用来查询;

(6)您有一份从深圳寄来的快件,请在这里签名;

(7)有任何问题请致电我们的服务热线 12345678。

第三节　常用词汇 (Common Words and Expressions)

(一)数量词汇(Numerals)

(二)快递业务常用词汇(Words and Expressions of Express)

(三)常见人名

第三节　快递业务员(中级) 快件处理考试知识要点

本《手册》所列快递业务员(中级)快件处理考试知识点是根据国家邮政局职业技能指导中心组织编写的国家职业技能鉴定培训教程《快递业务员(中级) 快件处理》对应的章节进行归纳整理。

一、基础理论知识考试要点

与收派基础理论知识点相同。

二、快件处理相关知识考试要点

第九章　快件接收

第一节　到件验收

(一)快件交接的基本要求

(1)交接验收;

(2)逐件比对;

(3)平衡合拢。

(二)总包接收前的准备工作

(1)检查有无快件处理的相关要求和操作变更通知;

(2)领取条码扫描设备、名章、圆珠笔、拆解专用钳或剪;

(3)做好个人准备工作,穿好工作服,佩戴工作牌和上岗劳动保护用品,如防护手套、护腰工具等;

(4)检查装卸、分拣、条码扫描等设备,核对作业班次和时间;

(5)对作业场地进行检查,场地应清洁、干净、无遗留快件。

(三)办理交接

1.航空、铁路运输快件的交接

(1)提取快件总包步骤

①操作人员在快件总包到达前,整理完整到件信息,交与接发人员;

②接发人员至机场、火车站提货处,按操作人员交与的信息,核对到件数量,检查航空标签,可用扫描器在提货处直接做接收扫描;

③对出现的如破损、少件等问题,要当场与承运方提货处人员核对登记,并要求提供破损证明,有条件的要当场拍照。

(2)注意事项

①检查快件托运单信息,与实际接收情况进行比对;

②仔细核对联运方填写的货仓单、航空结算单以及货站发货单是否与实际运输数量、重量、航班或车次相符。

2.汽车运输快件的交接

(1)接收步骤

①引导车辆停靠;

②核对车辆牌号;

③查看人员身份;

④检查总包路单;

⑤检查车辆封志;

⑥核对快件总包数量与交接信息;

⑦检查总包规格;

⑧总包交接结束签名盖章。

(2)注意事项

①检查总包路单填写是否完整,有无缺漏,章戳签名是否规范,必须在总包路单上批明接收时间;

②如果总包数量与总包路单不符,需双方当面查清核实并在总包路单上批注实收数量。

(四)车辆封志的管理

1.车辆封志

车辆封志,是指固封在快件运输车辆车门上的一种特殊封志,其作用是防止车辆在运输途中被打开,保证已封车辆完整地由甲地运到乙地。

车辆封志大体上可分为两大类:一类是实物封志;一类是信息封志。

(1)车辆封志的使用;

(2)中途停靠作业要求;

(3)责任划分。

2.异常车辆封志

不同材质的车辆封志,拆解方法略有不同。对于施封锁、交接人员应该使用施封锁专用钥匙开启,并妥善保管钥匙以备查询及循环使用;对于金属封志、铅封、塑料封志等,交接人员应该使用剪刀或专用钳来拆解封志,剪开封绳。

(1)异常车辆封志概念

异常车辆封志,是指拆解车辆封志之前,封志已经出现断开、损坏、标签模糊、塑料封志反扣松动能被拉开等现象。出现异常车辆封志应在路单上进行批注,并查明原因,及时进行处理。

(2)异常车辆封志种类

①断开损坏的车辆封志;

②标签模糊的车辆封志;

③条码与交接单不符的车辆封志。

(3)异常车辆封志处理方法

①发现车辆封志异常应首先向作业主管报告,并在路单上批注交接异常的原因;

②拆解异常车辆封志和卸车应在监控范围内由两人或两人以上共同进行;

③将异常封志单独保管,拍照留存;

④对于条码模糊不能被正确识读的车辆封志,如果数字清晰,可以手工录入;如果条码和数字均模糊,应通过路单来查询本车所装载总包情况,并填写异常车辆封志处理报告;

⑤对于车辆封签与路单不符的情况,应会同押运人员查明原因。

(4)异常信息封志

(五)总包卸载注意事项

总包卸载,是指将进站总包从快件运输车辆上卸载到处理场地的作业过程。

1.开启车门

对于厢式货车拆解车辆封志后打开车门时,卸车人员应站在靠近右侧车门一旁,左手用力抵住左车门,右手拉开右车门拉杆缓慢开启车门,注意控制车门开启速度,防止快件从车厢中掉出砸伤操作人员。

2.卸载总包和总包单件

(1)把车上的总包和总包单件卸到滑梯上或直接放置在皮带输送机(卸货平台)上,操作时不得有抛、扔现象。

(2)必须根据条码扫描器的扫描速度来控制卸货速度,如果卸得过快,可以先放置一边,待皮带输送机上快件较少时再上皮带输送机。

(3)包装外表上有突出的钉、钩、刺的快件、有异味和油渍的快件、超重超大等特殊快件,不能上皮带输送机传送,避免损伤、污染皮带输送机或快件摔损等事故发生,应将以上快件单独摆放在推车上,进行卸车扫描后,直接搬运至目的地。

3. 总包单件的摆放

(1)对卸至皮带输送机上的快件进行整理,使快件详情单处在向上状态,以便确认;

(2)当皮带输送机出现双排流转现象时,应将部分快件卸下,确保主皮带输送机是单排流向,间距保持 5cm 左右;

(3)当皮带输送机上快件较少时,将卸下的快件重新放回皮带输送机上,确保快件匀速流转。

4. 车厢的清扫检查

卸载完成后,应检查车厢各角落,确保无快件遗漏在车厢内。

(六)异常总包处理

1. 异常总包类型

异常总包,是指在总包验视过程中出现异常情况的总包。异常情况主要包括总包发运路向不正确;总包规格重量不符合要求;袋牌或标签有脱落或字迹不清、无法辨别现象;总包有破损或有拆动的痕迹;总包有水湿、油污等现象。

2. 异常总包处理方法

(1)总包发运路向不正确;

(2)总包规格、重量不符合要求;

(3)袋牌或标签有脱落或字迹不清、无法辨别现象;

(4)总包有破损或有拆动的痕迹;

(5)总包有水湿、油污等现象。

(七)包装标志基本知识

包装标志是为了便于物品交接、防止错发错运,便于识别,便于运输、仓储和海关等有关部门进行查验等工作,也便于收货人提取,在进出口货物的外包装上标明的记号。

1. 包装标志的类型

(1)运输标志;

(2)指示性标志;

(3)危险品标志。

2.包装标志的要求

(1)必须按照国家有关部门的规定办理;

(2)必须简明清晰、易于辨认;

(3)粘贴标志的部位要适当;

(4)要选用明显的颜色作标记和标志。

第二节　总包拆解

总包拆解作业,就是开拆已经接收的进站快件总包,将快件由总包转为散件。

(一)总包拆解注意事项

(1)拆解封志注意事项;

(2)倒袋注意事项;

(3)拆解后注意事项。

(二)总包拆解信息比对

1.比对方式

(1)手工方式比对;

(2)电子方式比对。

2.比对内容

(三)总包拆解常见异常情况及处理

在总包拆解中会遇到一些异常情况,包括:总包内快件与封发清单不一致;未附封发清单;拆出的快件有水湿、油污等;拆出的快件外包装破损、断裂、有拆动痕迹;封发清单更改划销处未签名、未签章;详情单条码污损不能识读;快件详情单地址残缺;有内件受损并有渗漏、发臭、腐烂变质现象发生的快件。这些异常情况会影响到快件的时效和安全,应及时加以处理。

1.总包内快件与封发清单不一致情况的处理

(1)总包内快件与封发清单数量不一致;

(2)总包内快件与封发清单重量不一致;

(3)总包内快件与封发清单中记载快件编号、原寄地、备注不一致。

2. 总包拆解中其他异常情况的处理

(1)发现总包内未附有封发清单；

(2)拆出的快件有水湿、油污等；

(3)拆出的快件外包装破损、断裂、有拆动痕迹；

(4)封发清单更改划销处未签名、未签章；

(5)运单条码污损不能识读；

(6)快件运单地址残缺；

(7)有内件受损并有渗漏、发臭、腐烂变质现象发生的快件。

(四)特殊快件接收与核验

1. 优先快件

(1)优先快件的概念

优先快件,是指因时限要求、客户有特殊要求等原因,需要优先处理快件的统称。优先快件主要包括以下两种类型。

①时限要求高的快件；

②客户明确要求在规定时间内送达的快件。

(2)优先快件的接收核验

①接收优先快件总包首先应核对优先快件总包数量是否正确,并验视发运路向是否正确,根据赶发班次顺序开拆处理,开拆后核对总包内快件数量是否正确；

②优先快件不得与其他快件混合开拆分拣；

③优先快件是否正确粘贴“优先快件”、“即日达”或“航空件”标识；

④检查快件包装是否完好,有无污损等情况。

2. 保价快件

(1)保价快件的概念

保价快件,是指寄件人按规定交付保价费,快递企业对该快件的丢失、损毁、内件短少承担相应赔偿责任的快件。

(2)保价快件的接收核验

3. 自取快件

(1)自取快件的概念

自取快件,是指快件到达约定目的地后,由收件人自行提取的快件。

(2)自取方式适用情况

(3)自取快件的接收核验

4.更址快件

(1)更址快件的概念

更址快件,是指快递企业根据寄件人的申请,将收件人的地址按照寄件人的要求进行更改的快件。更址快件也可以称为改寄件。

(2)快件更址的条件

①同城快件和国内异地快递服务快件:快件还未派送至收件人处;

②国际快件及港澳台快递服务快件:快件尚未出口验关前可更改地址。

(3)快件更址的申请

(4)更址快件的接收核验

5.撤回快件

(1)撤回快件的概念

撤回快件,是指快递企业根据寄件人提出的申请,将已发送的快件退还寄件人的一种特殊的服务。快件撤回属于有偿服务。

(2)寄件人撤回条件

①同城和国内异地快递服务:快件尚未首次派送;

②港澳和台湾快递服务:快件尚未封发出境;

③国际快递服务:快件尚未封发出境。

(3)快件撤回的申请

(4)撤回快件的接收核验

(五)单据的归档

第十章　快件分拣

第一节　国内快件的分拣

(一)快件的直封和中转

按照分拣环节,快件分拣分为快件直封和中转两种基本方式。

快件的直封,是指快件处理中心按快件的寄达地点把快件封发给到达城市处理中心的一种分拣方式。这种分拣方式中途不需要再次分拣封发,就可直接进行快件的派送处理。

快件的中转,是指快件处理中心把寄达地点的快件封发给相关的中途处理中心,经再次分拣处理,然后封发给寄达城市处理中心的一种分拣方式。

1.我国的行政区划及全国高速公路网

(1)我国的行政区划

我国现有一级行政区划:23个省、5个自治区、4个直辖市和2个特别行政区。

(2)我国的高速公路网

我国的高速公路网采用放射线与纵横网格相结合布局方案,由7条首都放射线、9条南北纵线和18条东西横线组成,简称为“7918”网。

2.各省交通地理

(1)北京市、天津市、河北省;

(2)山西省、内蒙古自治区;

(3)辽宁省;

(4)吉林省;

(5)黑龙江省;

(6)上海市、江苏省;

(7)浙江省;

(8)安徽省;

(9)福建省;

(10)江西省;

(11)山东省;

(12)河南省;

(13)湖北省;

(14)湖南省;

(15)广东省;

(16)广西壮族自治区、海南省;

(17)重庆市、四川省;

(18)贵州省、云南省、西藏自治区;

(19)陕西省、宁夏回族自治区;

(20)甘肃省、青海省、新疆维吾尔自治区。

注:要求掌握主要的地级市及其地理位置,利用公路运输的快件一般在省会城市中转。

3. 国内邮政编码

(1)我国邮政编码的制定和组成

(2)各省市、大区的编码代号

(3)我国主要城市的邮政编码

①北京市、天津市、河北省、山西省、内蒙古自治区主要城市的邮政编码;

②辽宁省、吉林省、黑龙江省主要城市的邮政编码;

③上海市、江苏省主要城市的邮政编码;

④浙江省、安徽省主要城市的邮政编码;

⑤福建省、江西省主要城市的邮政编码;

⑥山东省、河南省主要城市的邮政编码;

⑦湖北省、湖南省主要城市的邮政编码;

⑧广东省、广西壮族自治区、海南省主要城市的邮政编码;

⑨重庆市、四川省、贵州省、云南省、西藏自治区主要城市的邮政编码;

⑩陕西省、甘肃省、青海省、宁夏回族自治区、新疆维吾尔自治区主要城市的邮政编码。

注:要求掌握主要的地级市的邮政编码。

4. 国内电话区号

(1)电话区号的制定和组成

(2)当前我国电话区号的编号布局

(3)我国主要城市的电话区号

①北京市、天津市、河北省、山西省、内蒙古自治区主要城市电话区号;

②辽宁省、吉林省、黑龙江省主要城市电话区号；

③上海市、江苏省、浙江省、安徽省、福建省、江西省、山东省主要城市电话区号；

④河南省、湖北省、湖南省、广东省、广西壮族自治区、海南省主要城市电话区号；

⑤重庆市、四川省、贵州省、云南省、西藏自治区主要城市电话区号；

⑥陕西省、甘肃省、青海省、宁夏回族自治区、新疆维吾尔自治区主要城市电话区号。

注：要求掌握主要的地级市的电话区号。

5. 国内城市航空代码

(1)航空代码的制定；

(2)我国主要城市的机场航空代码；

(3)我国主要航空公司的航空代码。

(二)快件分拣操作注意事项

(1)文件类快件分拣操作注意事项；

(2)包裹类快件分拣操作注意事项。

第二节　国际快件的分拣

(一)国际快递服务概述

1. 国际快递服务

(1)国际快递服务的概念

国际快递服务，是指寄件人和收件人分别在中华人民共和国境内和其他国家或地区(香港、澳门、台湾地区除外)的快递服务，以及其他国家或地区(香港、澳门、台湾地区除外)间用户相互寄递但通过中国境内经转的快递服务。

(2)国际快递服务的分类

按照寄达范围的不同，国际快递服务又分为国际进境快递服务和国际出境快递服务。

(3)国际快件的概念

(4)国际快件的分类

①按照寄达范围分为:国际进境快件和国际出境快件;

②按内件性质分为:文件类快件、个人物品类快件和货物类快件;

③按补偿责任分为:保价快件、保险快件和普通快件。

(5)国际快递服务的特点

2. 国际快件业务的传递网络

(1)口岸中心和交换站模式;

(2)国际转运中心和口岸中心模式。

3. 国际快递详情单

(1)国际快递详情单的常见样式;

(2)国际快递详情单的主要内容;

(3)填写国际快递详情单的注意事项。

4. 形式发票

(1)形式发票的含义;

(2)形式发票包括的内容;

(3)形式发票的填写注意事项。

(二)国际快件清关

1. 海关对快件的监管

(1)中华人民共和国海关;

(2)《中华人民共和国海关对进出境快件监管办法》。

2. 快件清关操作

(1)清关的概念

(2)各类报关快件的申报要求

①文件类进出境快件报关;

②个人物品类进出境快件报关;

③货物类进境快件报关;

④货物类出境快件报关;

⑤其他货物类报关。

(3)出境快件清关流程

(4)其他货物类出境清关流程

(5)各类报关单据

(三)国际出口快件的处理

1. 国际出口快件分拣前的复核

(1)报关相关单证是否齐全;

(2)快件的品名是否详细;

(3)与海关或者相关规定是否相符;

(4)申报价值是否违规;

(5)快件外包装有无破损、油污、水湿等异常情况;

(6)快件内物品是否是禁寄品。

2. 国际出口快件分拣组织原则

(1)凡同寄达国某个口岸中心有直封总包关系的,都应当直封。如果同寄达国多个口岸中心同时有直封关系的,应当按照寄达国划分的中转范围,将快件发往指定的口岸中心;

(2)本口岸中心分拣发现寄往同本中心没有直封总包关系的快件时,应根据发运路由的规定,转发本国其他同寄达国有直封总包关系的口岸中心;

(3)若与寄达国没有直封总包关系的,可采取散寄中转方式,散寄给指定的外国快递企业转发。

3. 常见国家的中英文名称、英文名称缩写、邮政编码格式及电话区号

(1)美国主要城市的英文缩写、邮政编码和航空代码;

(2)德国主要城市的英文缩写、邮政编码和航空代码;

(3)法国主要城市的英文缩写、邮政编码和航空代码;

(4)英国主要城市的英文缩写、邮政编码和航空代码;

(5)俄罗斯主要城市的英文缩写、邮政编码和航空代码;

(6)日本主要城市的英文缩写、邮政编码和航空代码;

(7)韩国主要城市的英文缩写、邮政编码和航空代码;

(8)澳大利亚主要城市的英文缩写、邮政编码和航空代码。

(四)国际进口快件的处理

国际进口快件经中国海关清关放行后,转入国内中转处理场地进行中转。对国际进口快件总包进行接收时,应认真核对总包数量,重点检查袋身和封装是否完好,有无破损、油污、水湿等异常情况,对异常总包进行复重,核查其实际重量是否与交接单上所注明的重量相符,并就异常情况向上一环节缮发快件差异报告;同时重点核对快件的相关单证,尤其是快件清关时由快递企业预先垫付关税的税票。总包开拆后,应将各快件的相关单证及税票装入相应快件袋的单证口内,或装入不干胶详情单袋内粘贴在快件的合适位置。对优先快件应及时派送,确保时限。

1. 国际进口快件英文名址的批译

(1)寄达城市名的批译

(2)街道名称的批译

常见的街道名称的书写形式有三种:英文书写、汉语拼音书写、英文和汉语拼音混合书写,批译时一定要注意。

(3)常见中英文名址的对照

2. 国际进口快件单位的批译

(1)政府部门的批译

①国务院各部委;

②国务院各直属机构;

③国务院办事机构;

④国务院直属事业单位;

⑤国务院部委管理的国家局。

(2)大专院校的批译

①大专院校的批译规则

我国一般大专院校的英文名称主要由三部分组成:地域名+专业特色+学校性质。如北京(地域名)理工(专业特色)大学(学校性质)。

②我国重点大专院校的英文批译

(3)我国主要金融机构的批译

(五)港澳台快件的处理

(1)香港的英文全称、航空代码和电话区号;

(2)澳门的英文全称、航空代码和电话区号;

(3)台湾的英文全称、航空代码和电话区号。

第三节　问题件处理

(一)对收件人名址有误的快件的处理

1. 收件人名址不详

(1)缺少收件人姓名或姓名不具体;

(2)收件人地址不具体。

2. 收件人地址有误

(1)收件人地址与邮政编码不符;

(2)地址中省、市不匹配。

3. 收件人地址潦草、模糊不清

4. 快件详情单脱落

(二)对包装不合格或破损快件的处理

1. 包装不合格快件

(1)快件外包装的检查;

(2)对包装不合格快件的处理。

2. 包装破损快件

(1)对包装破损快件的处理;

(2)减少或杜绝快件包装破损。

3. 合理的包装方法

(1)防振保护法

①全面防振包装法;

②部分防振包装方法;

③悬浮式防振包装方法。

(2)防破损技术

①捆扎及裹紧技术;

②集装技术;

③选择高强度保护材料包装。

(三)禁寄物品的处理方法

在快件分拣场地发现禁寄物品的处理规定(表10)。

禁寄物品处理办法 表10

各类禁寄物品	处理办法
放射性物品、生化制品、麻醉药物、传染性物品和烈性毒药等	应立即停止分拣,隔离并保护现场,通知场地负责人,协助疏散工作人员,同时通知防化及公安部门,按应急预案处理
易燃易爆等危险物品	应立即停止分拣,隔离并保护现场,通知场地负责人,协助疏散工作人员,快件交由专业人员进行处理
危害国家安全和社会政治稳定以及淫秽的出版物、宣传品、印刷品	应立即停止分拣,通知场地负责人,快件转入专设的场地进行滞留,同时通知公安部门处理
妨害公共卫生的物品和容易腐烂的物品	应立即停止分拣,通知场地负责人,快件转入专设的场地进行滞留。同时通知客服人员联系寄件人限期领回,或经寄件人同意后,就地销毁、抛弃
有价证券、人民币现金	应立即停止分拣,通知场地负责人,快件转入专设的场地进行滞留。同时通知客服人员联系寄件人限期领回
航空禁寄物品	应停止中转,快件转入专设的场地进行滞留。同时通知客服人员联系寄件人,对于允许陆运的物品,经寄件人同意后转陆运,并标注“转陆运”字样或粘贴“转陆运”标识
其他禁寄物品	应立即停止分拣,通知场地负责人,快件转入专设的场地进行滞留。同时通知客服人员联系寄件人协商处理,或按国家有关规定处理

(四)危险品的应急处理方法

(1)危险品泄漏事故及处置措施;

(2)危险品火灾事故及处置措施;

(3)压缩气体和液化气体火灾事故及处置措施;

(4)易燃液体火灾事故及处置措施。

第四节 快件差异报告

快件差异报告,又称验单,凡在快件处理过程中发现的问题和不符合规定的事项都应缮发快件差异报告,以求问题得到妥善处理和及时解决。

(一)缮发快件差异报告的规定

(1)一般应由各处理中心办理,并经主管人员签发;

(2)快件差异报告应当按顺序编号,每年换编一次。每份快件差异报告均需留底存查,保存期不少于1年;

(3)缮发快件差异报告,一般一式两份,其中一份由档案部门登记存档。如发生差错事项性质严重,涉及赔偿等事项时,快件差异报告应增加相应份数抄送相关部门并抄送上级主管部门;

(4)缮发快件差异报告后,交主管人员审阅签发并填写日期和经办人员名章;

(5)快件差异报告寄发后,如需对方答复的,应及时催复;

(6)为便于相关部门查找和处理,缮写快件差异报告应做到文字工整,事由清楚,内容具体。

(二)快件差异报告填写的内容

(1)快件差异报告编号、处理中心(营业网点)名称、缮发日期;

(2)快件交运的航班(车次)、路单或清单号码、发运日期;

(3)快件包号、收寄日期、寄件人或收件人的详细名址、快件重量;

(4)发生差错、延误、损毁、丢失等问题的原因及处理情况;

(5)随快件差异报告附寄齐全可靠的相关证物(包袋、封志、绳扣、包牌、清单、路单复印件等);

(6)经办人、主管签字或盖章。

(三)缮发快件差异报告的范围

(1)总包封志印字不清或封志被破坏;

(2)内件破损造成袋皮水湿、油污;

(3)总包路向错误;

(4)总包内未附封发清单;

(5)封发清单缺号、错号、重登或漏登等;

(6)登录更改、划销未盖章或错漏结数等;

(7)内件短少、内件破损或复秤重量短少等;

(8)快件超过规定重量、尺寸规格;

(9)寄递禁寄或限寄超量物品;

(10)错收未开通送达地的快件。

(四)快件差异报告的书写要求

(1)文字书写要工整规范;

(2)语句表达要通顺,应简明扼要;

(3)内容叙述要明确;

(4)事实描述要准确;

(5)附件证物要齐全。

(五)快件差异报告的书写示例

(1)未收到总包;

(2)收到总包无路单或清单;

(3)总包重号;

(4)多收或短收快件;

(5)快件误发、漏发;

(6)快件破损;

(7)快件地址不全;

(8)禁寄物品不予转递。

第十一章　快件封发

第一节　快件总包的建立

(一)国内快件总包的封装

1. 国内快件的登单

(1)快件检查;

(2)快件登单;

(3)逐件比对。

2. 国内快件的装袋操作

3. 包牌(包签)的填写

4. 封袋

5. 上传数据、资料存档

(二)国际快件总包的封装

1. 国际快件的登单

国际快件登单就是在处理中心,应用条码设备扫描国际快件,形成封发信息。

2. 国际快件的装袋操作

(1)选择大小、颜色适宜的包袋;

(2)封发国际快件考虑报关需求,文件与包裹、重货与轻货分开封装,可批量报关的低价值快件,与单票报关的高价值快件分袋封装。一票多件单独报关的快件集中堆放;

(3)按重不压轻、大不压小、结实打底、方下圆上、规则形状放下、不规则形状放上的原则将快件装袋;

(4)同一张封发清单的快件装在一个总包中,寄达地清关要求随附单据,与详情单一起放入特制的封套粘贴在快件上,详情单向上摆放快件;

(5)快件、清单、包牌相互核对后,在封发清单上盖章或签字;

(6)总包袋盛装不能过满,装袋不宜超过整袋的 2/3,连同袋皮重量不宜超过 32kg。

3. 包牌(包签)的填写

(1)国际快件总包包牌,不管是手工制作还是操作系统实时生成的,均包含原寄地、目的地、总包号码等信息;

(2)有特殊要求的快件(如:优先快件和保价快件),总包按要求注明(优先、保价)等特殊信息;

(3)为出口报关和寄达地清关方便,还要在包牌上注明内件性质,如文件、包裹;

(4)包牌禁止涂改,如有错填要更换新包牌重新填写。

4. 封袋

(1)封装快件必须要施行快件、清单、包牌三核对;

(2)将撑袋车或撑袋架上的袋口卸下收紧;

(3)包牌、转运标识、特殊标志等挂上后,根据材料不同封口方式各不相同,收紧袋口使内件不晃动为宜;

(4)使用专用或特制的工具材料封扎袋口,尽量靠近快件捆扎。使用带条码的塑料封志时,要使条码处于易扫描位置,贴近快件处将总包袋扎紧封口;

(5)封装作业结束,检查操作现场及周围有无遗漏、未封装快件。

5.上传数据、资料存档

(三)总包路单的制作

1.总包路单的概念

总包路单,是指记录快件总包的封发日期、接收日期、封发路由、总包数量和种类、总包总重量、原寄地、寄达地等详细信息,用于运输各个环节交接的单据。

2.总包路单的填制

(1)手工制作总包路单;

(2)应用操作系统制作总包路单。

第二节　快件总包的装车发运

装车发运,是指发运人员根据发运计划及时准确地将总包装载到指定的运输工具上,并与运输人员交接发运的过程。

(一)装车作业的安全要求

快递营运必须坚持"预防为主、安全第一"的生产方针,树立安全高于一切的思想。

1.操作安全注意事项

(1)按规定动作搬运快件(包),充分利用各种搬运设备;

(2)严禁攀爬、跨越正在运行的传输设备;

(3)不要穿宽松的衣服操作传输设备;

(4)在运行的设备旁操作时,要将长发束起,以免卷入运行的设备中;

(5)使用机械操作设备时,要严格执行安全措施,按规程操作,保证快件及人身的安全;

(6)用拖车、托盘转运快件(包)时,不准超过规定高度。

2.人员安全搬运注意事项

(1)按规定佩戴防护装具;

(2)在搬动快件前要保证活动一下自己的身体;

(3)估计快件的重量是否适宜个人搬运，保证这个重量不会对个人构成伤害；

(4)在搬运超过32kg以上的快件时，要寻求其他人员或设备的帮助；

(5)靠近快件站立；

(6)保持背部直立，同时屈膝；

(7)抓住快件的对角；

(8)使快件紧靠自己的身体，双脚前后站立，不要交叉；

(9)眼看前方，慢慢地将快件抬起，以脚后跟为支点转运身体；

(10)不能使你的膝盖和背部承受长时间的压力。

3.场地安全注意事项

(1)封发作业场地禁止接待来客，禁止闲人进入，工作人员佩带胸牌进入；

(2)严禁在作业场地及周边禁烟区吸烟；

(3)按规定工作时间进入场地，工作时间不脱岗，交接完工作马上离场；

(4)严禁在任何操作场地、库房、操作间追逐打闹或吸烟；

(5)车辆按指定位置停放，工具按规定位置放置；

(6)下班后关闭室内照明及规定关闭的所有电源、电器设备。

4.快件安全注意事项

(1)快件按规定堆位，堆放整齐，摆放牢固安全；

(2)不抛、摔、拖拉快件(包)，易碎、怕压等特殊快件(包)要轻拿轻放；

(3)保价快件(包)要单独保管、书面交接；

(4)装载到车厢时，快件(包)要堆放整齐、稳固；

(5)各类快件(包)处理和运输过程中，严禁私拆、抽拿；

(6)司机要亲自确认装车完毕，车门关闭、施封结束后，方可开动车辆，严禁货车车厢内人货混装。

(二)出站快件总包的装发

根据快件总包发运计划，将比对核查过的总包，按规定的快件发运频次和时限要求，准确无误地装发相关交通运输工具(飞机、火车、汽车)等，称为出站快件总包的装发。

1.装车前准备

2. 总包装载及码放

(1)装车工作应由两人(及以上)协同作业;

(2)装码总包要求:逐层码放,大袋、重袋堆在下部,规则形总包堆在下部,不规则形总包放在上部,不耐压、易碎总包放在上层;

(3)满载时(要按载重标志):要从里面逐层码高后向外堆码,结实打底,较小的总包放在中间压住大袋袋口,填放在低凹和空隙处;

(4)数量不到满载的,车厢里层最高,层次逐渐外移降低,这样可防止车辆启动、制动时堆位倒塌造成混堆,易造成卸错或漏卸;

(5)数量半载的,里层高度可稍低,比照上条所述堆码,不可以只装半厢,造成前端或后端偏重;

(6)严禁将快件均码在车厢左侧或右侧,造成侧重不利于行车安全;

(7)装卸不是直达具有两个以上卸货点的汽车,要按照"先出后进"、"先远后近"的原则装载总包,堆位之间应袋底相对(总包袋底部贴在一起,可防止混堆),也可用绳网分隔。分隔方法有两端分隔和逐层分隔;

(8)两端分隔就是两个堆位快件总包从两端护栏杆堆码向中间移装,但中间必须有绳网将两堆位分开;

(9)逐层分隔就是将"后出"(班车线路后到的)快件总包在汽车上码好后用绳网隔断,然后再装"先出"快件总包。

(三)车辆封志的复核

1. 有以下情况视为不合格,需重新封装

(1)使用铅封的封志印志不清或铅志有撬动,绳扣有接头或太松,能捋下;

(2)带条码塑料封志反扣松动,能被拉开。

2. 复核车辆封志

(1)检查车辆定位设备、GPS定位系统是否正常;

(2)车辆封志号码要清晰完整,具有一次性使用特性,损坏不能复原;

(3)车辆封志号码应正确记录在交接单上,发运人员与押车员双人会同签字确认。

第三节　快件信息汇总比对方法

(一)快件信息汇总比对方法的概念和作用

1. 快件信息汇总比对的概念

快件信息汇总比对方法就是快件处理中心每日或每班快件生产工作终了后，对快件进站件数、上班次结余件数及快件出站件数、本班次结余件数的登单信息分别进行汇总，结出总件数后填写格式单证(合拢单)进行比对，交主管人员审核签证的过程。正常工作状态下，比对结果是平衡的，即：

快件进站总件数＋上班次结余件数＝快件出站(或派送)总件数＋本班次结余件数

2. 快件信息汇总比对方法的作用

(1)运用快件信息汇总比对，可纠正操作当中的失误，减少快件延误丢失；

(2)运用快件信息汇总比对，可明确责任段落，汇总比对不平衡反映操作存在隐患，核查其中规律可更有针对性地解决问题；

(3)运用快件信息汇总比对，可用数字明确反映操作质量，量化质量指标方便考核评比；

(4)快件信息汇总比对合拢，也是快件处理中心生产秩序稳定的重要标志。

(二)快件信息统计汇总方法

(1)进站快件的信息统计汇总(拆解信息统计汇总)

进站快件信息统计汇总，是将每日或每班进站总包开拆，经勾挑比对后汇总已有进站封发清单，结出总件数填制合拢单的过程；

(2)出站快件的信息统计汇总(封发信息统计汇总)

出站快件信息统计汇总，是每日或每班将勾挑比对过的快件，封装成总包后，汇总封发清单，结出总出站件数及结余、问题件件数填制合拢单的过程。

(三)快件信息汇总比对方法

1. 进站快件总包信息汇总比对

进站快件总包信息汇总比对是每日或每班快件工作终了，收集全部进站总包路单和进站封发清单，将清单号码与总包路单“总包号码”栏内数据进行比对。结果合拢表明本班次所有进站总包正常开拆；结果不匹配，需要进一步查找原因。

(1)清单多于总包路单登列总数，表明有进站总包未登注总包路单，按规定缮发快件差异报告至上一站，补登总包路单并在补登处签字备查；

(2)总包路单登注的总包号码多于清单,表明清单缺失。要立即进行检查,分析原因找出问题所在,及时与上一站沟通,请其传真缺失清单留存联,按清单登列的快件号码查找是否有进站信息。

2.快件信息汇总比对的方法

(1)手工快件信息汇总比对;

(2)应用操作系统进行快件信息汇总比对。

(四)汇总发运信息

1.汇总发运信息的概念

按出站总包路单对各条运输线路的快件总包件数和重量进行汇总称为汇总发运信息。

2.汇总发运信息方法

(1)手工汇总发运信息方法;

(2)操作系统汇总发运信息方法。

附录一　快递业务员(中级)快件收派职业技能鉴定模拟试题(理论)

一、单项选择题

1. 收寄流程是指业务员从客户处收取快件的全过程,包括验视(　　)运单填写和款项交接等环节。

A. 检查　　B. 包装　　C. 拆检　　D. 称重

2. 以下不属于网点收寄工作流程的是(　　)。

A. 包装快件　　B. 称重计费　　C. 接受信息　　D. 收取资费

3.《快递服务》标准对快件重量的规定为:国内单件快件不宜超过(　　)kg。

A. 30　　B. 40　　C. 50　　D. 60

4. 包装的作用主要包括保护功能和(　　)。

A. 推广功能　　B. 便于流通　　C. 方便消费　　D. 促进销售

5. 按照目前快递企业的通行做法,边长为 9.1cm 的快件,在计算其体积重量时,边长应按(　　)cm 进行计算。

A. 8　　B. 9　　C. 10　　D. 9.1

6. 一票从北京寄往深圳的航空快件,实际重量为 18kg,快件的长、宽、高分别为 60cm×40cm×30cm ,请问此件的计费重量应为(　　)kg 。

A. 10　　B. 12　　C. 18　　D. 24

7. 以下不属于海关限制寄递的物品的是(　　)。

A. 无线电收发信机、通信保密机　　B. 儿童玩具

C. 烟、酒　　D. 珍贵的动物

8. 以下图标代表氧化性气体的是(　　)。

A.

B.

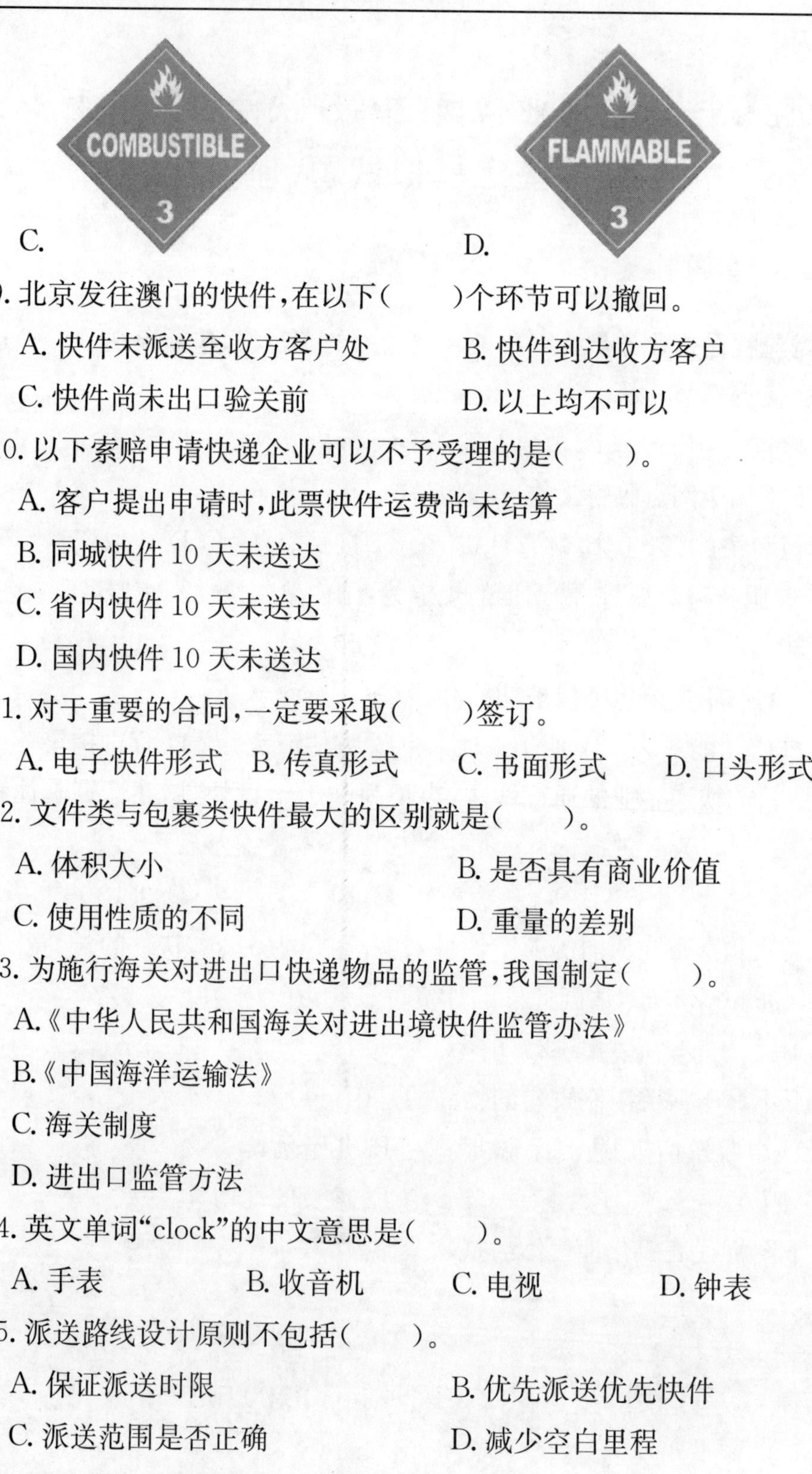

C. D.

9. 北京发往澳门的快件,在以下(　　)个环节可以撤回。

A. 快件未派送至收方客户处　　B. 快件到达收方客户

C. 快件尚未出口验关前　　D. 以上均不可以

10. 以下索赔申请快递企业可以不予受理的是(　　)。

A. 客户提出申请时,此票快件运费尚未结算

B. 同城快件 10 天未送达

C. 省内快件 10 天未送达

D. 国内快件 10 天未送达

11. 对于重要的合同,一定要采取(　　)签订。

A. 电子快件形式　B. 传真形式　C. 书面形式　D. 口头形式

12. 文件类与包裹类快件最大的区别就是(　　)。

A. 体积大小　　B. 是否具有商业价值

C. 使用性质的不同　　D. 重量的差别

13. 为施行海关对进出口快递物品的监管,我国制定(　　)。

A.《中华人民共和国海关对进出境快件监管办法》

B.《中国海洋运输法》

C. 海关制度

D. 进出口监管方法

14. 英文单词"clock"的中文意思是(　　)。

A. 手表　B. 收音机　C. 电视　D. 钟表

15. 派送路线设计原则不包括(　　)。

A. 保证派送时限　　B. 优先派送优先快件

C. 派送范围是否正确　　D. 减少空白里程

16. 派送服务的基本原则不包括(　　)。

A. 安全派送原则　　　　B. 信息保密原则

C. 保证派送时限原则　　　　D. 效率原则

17.(　　)是指根据快递企业对快递业务做出的派送时限承诺,一定在规定的时间范围内,将快件送达客户。

A. 保证派送时限原则　　　　B. 快件保密原则

C. 安全派送原则　　　　D. 服务至上原则

18. 客户拒收拒付快件时,快件作为(　　)处理。

A. 退回快件　　B. 更址快件　　C. 问题件　　D. 无着快件

19. 根据(　　)的地理位置、交通状况、时效要求、快件特性等合理安排派送顺序,并将快件按照派送顺序进行排序整理。

A. 营业网点　　B. 派送路线　　C. 分拣区域　　D. 派送段

20. 如何加强对客户动态信息的追踪(　　)。

A. 提高竞争力

B. 建立快速、准确的客户信息处理系统

C. 对客户进行分类

D. 降低运营成本

二、判断题

1.(　　)客户服务的基本原则是平等互利、共同发展。

2.(　　)快件的包装不仅要防止快件物理性能的损坏,还要防止快件发生各种化学变化及其他方式的损坏。

3.(　　)国际航空运输协会规定的轻泡快件重量计算公式为:不规则物品=长(cm)×宽(cm)×高(cm)÷6 000=体积重量(kg)。

4.(　　)我国海关规定:寄递烟丝或烟叶每次均各以5kg为限,两种合寄时不得超过5kg。

5.(　　)快件查询渠道主要包括电话查询、网站查询、网点查询三种。

6.(　　)国际快件及港澳台快递服务快件,快件出口验关后未派送前,客户便可以致电快递企业进行快件更址的操作。

7.(　　)在理赔金额达成共识的情况下,快递企业应在 7 个工作日内将理赔款支付给客户。

8.(　　)国际件按照一般分类可分为文件类和包裹类两类。

9.(　　)加拿大的英文名称是 Canada。

10.(　　)中国香港的机场三字代码是 KGH。

11.(　　)从上海直航伦敦的航班号是 MU552。

12.(　　)香港特别行政区的国际电话区号是 00852。

13.(　　)代收货款客户所托寄物品无论质量好坏,可以一律收寄,因为快递企业做的仅仅是递送服务。

14.(　　)保价快件派送交接复重异常时,需经过主管人员同意后,在监控下面,两人以上会同开拆外包装检查。

15.(　　)英文地址的排列顺序与中文地址相同,由大到小,范围层层递减。

16.(　　)派送路线的设计,需要综合考虑派送段内的路况、车流量,当班次快件的数量,快件时效要求等因素,进行合理设计。

17.(　　)代收快件签收后,快递业务员应在详情单签收栏批注代收人姓名。

18.(　　)运单破损严重无法正常使用时,需要填写派送证明代替“派送存根”联,按正常流程进行派送。

19.(　　)对于名址不详快件,如果能与收件人取得联系,应询问收件人详细名址,将详细名址在快件详情单进行批注。

20.(　　)派送信息复核时,发现客户身份证件号码错误,应立即与客户联系,重新核实证件号码。

快递业务员(中级)快件收派职业技能鉴定模拟试题(理论)参考答案

一、单项选择题

1～5： B C C D A

6～10：C B A C A

11～15：C B A D C

16～20：D A C D B

二、判断题

1～5： √√××√

6～10：×√√√×

11～15：×√×√×

16～20：√×√√√

附录二　快递业务员(中级)快件收派职业技能鉴定模拟试题(技能操作)

试题 1. 某企业有一工程投标样本,要由广州发到吉林。在上午 9 点联系了快递企业,要求次日上午 10 点前送达收方客户手中。

假定快递企业有两种服务产品:一种是次日 8 点前送达,信息反馈为手机短信,资费 22 元。另一种产品是 10 点前送达,可网络查询,资费 16 元。

请根据以上信息向客户推介适合的服务产品。

(1)本题分值:10 分。

(2)考核时间:5 分钟。

(3)考核形式:笔试。

试题 2. 根据需要派送快件的情况,设计派送路线

如图:A 点为派送处理点所在地,B 点需要派送一票一小时内到达的快件,C 点需要派送一票价值昂贵的保价快件,D 点需要派送一票重量 12kg 的普通包裹,E 点要派送一票普通文件,F 点需要派送一票 1kg 的普通包裹,G 点需要派送一票代收货款 4 000 元重量不超过 1kg 的快件。

A 点到 B 点需要 50 分钟,B 点到 C 点需要 40 分钟,B 点到 D 点需要 50 分钟,C 点到 D 点需要 50 分钟, D 点到 E 点需要 90 分钟,E 点到 F 点需要 30 分钟,F 点到 G 点需要 30 分钟,F 点到 C 点需要 45 分钟,E 点到 G 点需要 40 分钟,G

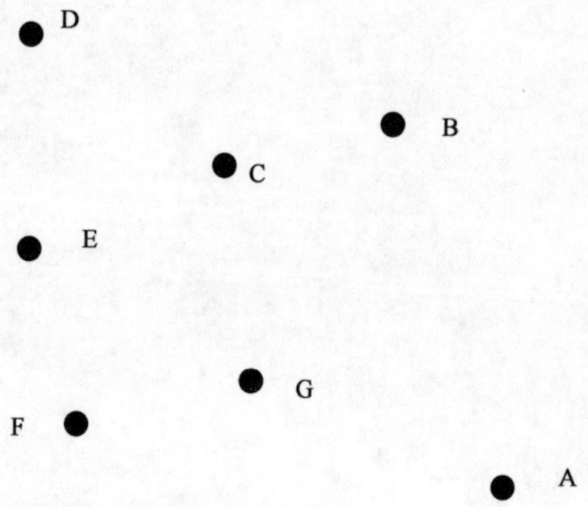

D

B

C

E

G

F

A

点到 A 点需要 30 分钟,C 点到 G 点需要 40 分钟。

请根据需要派送快件的情况,设计派送路线。

(1)本题分值:15 分。

(2)考核时间:7 分钟。

(3)考核形式:笔试。

试题 3. 陶瓷碗的包装。

(1)本题分值:15 分。

(2)考核时间:12 分钟。

(3)考核形式:实操。

(4)具体考核要求:在规定时间内,将陶瓷碗用全面防振包装方法进行包装。

快递业务员(中级)快件收派职业技能鉴定模拟试题(技能操作)参考答案

[试题 1 答案]

1. 两种产品各具特点:第一种产品的主要特点是安全、快捷地满足客户 10 点前送达的需要,如遇到不可抗力的因素,也有充足的时间来调整派送方式,保证客户的需要。同时,节省发件客户查询快件状态的时间。因为特殊要求的快递服务采用特殊的运输和派送方式,收费较高。客户可以参考。

2. 另一种产品它的主要特点:收费较低,如未遇到不可抗力的因素,一般情况下还可以按时到达。对能有网络查询客户还是比较方便的。当遇到不可抗力的因素时,不能完全保证满足客户 10 点前送达的需要。因此客户还要考虑。

3. 根据两种产品的特点和此业务的重要性,建议客户选择第一种产品更安全。另一种产品如遇到不可抗力的因素时,没有保证,不建议采用。

[试题 2 答案]

A→B→C→D→E→F→G→A

[试题 3 答案]

(1)正确选择包装箱; 、

(2)陶瓷碗内部选用海绵、气泡膜或珍珠棉填充充实;

(3)陶瓷碗外部选用海绵、气泡膜或珍珠棉;

(4)封箱后采用“工”字形封箱;

(5)在纸箱的斜对角位置共粘贴两张易碎贴纸,粘贴后,纸箱的六个面均可以观察到易碎贴纸;

(6)箱体外包装封装及粘贴贴纸美观、规范。

附录三　快递业务员(中级)快件处理职业技能鉴定模拟试题(理论)

一、单项选择题

1.(　　)属于总包接收前的准备工作。

A. 准备快件详情单　　B. 检查派送运输工具

C. 检查装卸、分拣、条码扫描等设备　D. 准备包装材料

2.关于车辆封志说法错误的是(　　)。

A. 车辆封志是固封在快件运输车辆车门上的一种特殊封志

B. 车辆封志可以防止车辆在运输途中被打开,保证已封车辆完整地由甲地运到乙地

C. 车辆封志可以分为实物封志和信息封志

D. 车辆封志是对总包封扎的一种封志,为了保证总包内快件的安全

3.总包拆解后,对于详情单地址残缺严重无法分拣的快件应(　　)。

A. 进入分拣环节

B. 通过系统内信息进行查询,并与发件人联系确认,将相关信息标注在详情单上

C. 重新填写一份新的详情单

D. 不扫描破损详情单快件的条码

4.保价标识应粘贴在(　　)。

A. 快件侧面　　B. 最大最平的面上

C. 每个表面的骑缝线上　　D. 包装箱的角上

5.更址快件指快递企业根据(　　)的申请,将收件人的地址按照寄件人的要求进行更改的快件。

A. 客服人员　　B. 寄件人　　C. 收件人　　D. 处理人员

6.我国现有一级行政区划:(　　)个直辖市、23 个省、5 个自治区和 2 个特别行政区。

A. 4　　B. 5　　C. 6　　D. 7

7. 一票由长治市寄往朔州市的快件,采用公路运输方式,一般经(　　)中转。

A. 运城市　　B. 吕梁市　　C. 太原市　　D. 阳泉市

8. 河南省的省会城市是(　　)。

A. 开封市　　B. 郑州市　　C. 太原市　　D. 洛阳市

9. 成都市的国际机场是(　　)。

A. 江北国际机场　　B. 宝安国际机场

C. 黄花国际机场　　D. 双流国际机场

10. 目前国内快递企业一般采用(　　)方式对文件类快件进行分拣。

A. 人工分拣　　B. 人机结合分拣

C. 半自动分拣　　D. 全自动分拣

11. 国际快件按补偿责任分为(　　)快件。

①普通②保价③免责④保险

A. ①②③　　B. ①③④　　C. ②③④　　D. ①②④

12. 海关接受快递企业对出境快件的申报,已审核电子报关数据后,对出境快件采取(　　)方式进行实际的查验。

A. 全面检查　　B. 随机抽查　　C. 逐票检查　　D. 免检

13. 接收国际进口快件总包,应认真核对(　　),检查袋身和封装是否完好,有无破损、油污、水湿等异常情况。

A. 快件数量、重量　　B. 总包数量、重量

C. 封发清单数量　　D. 派送清单数量

14. State Post Bureau 应译为(　　)。

A. 国家邮政局　　B. 国家税务总局

C. 国家旅游局　　D. 国家工商行政管理总局

15. 导致快件包装破损的客观原因不包括(　　)。

A. 快件运输过程中剧烈振动冲击

B. 堆码时底层快件承载过重

C. 人为因素

D. 快件在装卸、搬运过程中的意外跌落

16. 分拣快件时,发现快件内件为海洛因毒品,正确的处理方法是(　　)。

A. 立即通知寄件人领回　　B. 通知公安部门处理

C. 将快件退回上一环节　　D. 将快件丢弃

17. 制作总包路单时,始发站与终到站要按规定填写清晰准确,与(　　)一致。

A. 包牌　　B. 快件号码　　C. 总包号码　　D. 寄达地区号码

18. 进站快件总包信息汇总比对,结果合拢则表明(　　)。

A. 本班次所有进站快件都已正常分拣

B. 本班次所有进站快件都已正常封发出站

C. 本班次所有进站总包都已正常中转

D. 本班次所有进站总包都已正常开拆

19. 在运行的设备旁操作时,不正确的是(　　)。

A. 攀爬、跨越正在运行的传输设备

B. 着工作服操作传输设备

C. 将长发束起,以免卷入运行的设备中

D. 用拖车、托盘转运快件时,不超过规定高度

20. 厢式货车装码总包,应遵循(　　)原则。

A. 较小的总包放在厢边上,节约空间

B. 不耐压、易碎总包先装

C. 大袋、重袋堆在下部

D. 较小的总包放下部,支撑大袋

二、判断题

1. (　　)接发人员至机场提货处提取总包时,对出现的破损的总包,拒绝接收,直接退回。

2. (　　)车辆在途中因执法部门查车而拆解车辆封志,司机必须及时通知业务主管,并向执法人员索取相关证明,经核实后,司机不必承担责任。

3.(　　)寄递物品品名描述不全或不准确都可能会影响到快件的正常清关。

4.(　　)形式发票必须全英文填写,并且要求填写准确清晰,不得涂改。

5.(　　)海关查验快件时,寄件人必须在场,负责快件的搬移、开拆和重封包装。

6.(　　)免税的进出境快件申报时应填写 KJ1 报关单。

7.(　　)国际出口快件分拣前需要复核快件申报价值是否违规。

8.(　　)英国的英文名称缩写是 UK。

9.(　　)巴西邮政编码由 6 位数字组成。

10.(　　)我国一般大专院校的英文名称主要由三部分组成:地域名+专业特色+学校性质。

11.(　　)在快件处理中心,快件处理人员发现快件详情单脱落的快件,直接退回。

12.(　　)快件处理场地发生危险品泄漏时,如果泄漏物是有毒的,进入现场的救援人员必须使用专用防护服、隔绝式空气面具。

13.(　　)处理压缩气体和液化气体火灾事故时,应尽快灭火,然后再考虑堵漏措施。

14.(　　)如果需要,应随快件差异报告一起附寄齐全可靠的相关证物。

15.(　　)封发国际快件总包时,无需考虑报关需求。

16.(　　)快件进站总件数+上班次结余件数=快件出站(或派送)总件数+本班次结余件数。

17.(　　)某班次生产结束后,进行快件信息汇总比对,该班次进站总件数是 2 300 件,上班留存 50 件,出站封发总件数是 1 000 件,本埠派送件是 1 000 件,该班次留存 300 件,比对结果合拢。

18.(　　)汇总总包发运信息,可以为调整发运计划提供精确的数字依据。

19.(　　)出站快件信息统计汇总,是对已有出站封发清单汇总快件总重量。

20.(　　)堆位可以是笼、托盘、推车或现场隔离区域。

快递业务员(中级)快件处理职业技能鉴定模拟试题(理论)参考答案

一、单项选择题

1～5：CDBCB　　6～10：ACBDA

11～15:DBBAC　　16～20:BADAC

二、判断题

1～5：×√√√×　　6～10：×√√×√

11～15:×√×√×　　16～20:√×√×√

附录四　快递业务员(中级)快件处理职业技能鉴定模拟试题(技能操作)

试题1. 接收总包时发现总包有拆动痕迹,说明此异常总包的类型和处理方法。

(1)本题分值:8分。

(2)考核时间:6分钟。

(3)考核形式:笔试。

试题2. 请将以下两组代表各个国家的数字分别填入对应的国家英文名称缩写前括号内。

1 法国　　(　　)FI
2 芬兰　　(　　)FR
3 日本　　(　　)PH
4 菲律宾　　(　　)JP
5 新加坡　　(　　)SG

1 西班牙　　(　　)SA
2 德国　　(　　)ES
3 美国　　(　　)CA
4 加拿大　　(　　)US
5 沙特阿拉伯　　(　　)DE

(1)本题分值:15分。

(2)考核时间:6分钟。

(3)考核形式:笔试。

试题3. 某快递企业网络中转车,于2010年8月12日晚由上海处理中心发往杭州处理中心,13日凌晨到达杭州处理中心,快件进行中转处理时发现问题:编号No. 10812总包无清单;编号No. 10814总包内快件件数25件与清单26件不符,经查总包封志完好无损,无拆动痕迹。请针对发现的问题缮写快件差异报告。主管人员为张某某,经手人员为高某某。

快件差异报告　　　　第 201008121 号

由________处理中心(营业网点)发至________处理中心(营业网点)
验明各种差错和不合事项如下:________________________________ ____ ____ ____
附件:______________________
经手人员:______________ 主管人员:______________ 发验部门章 _____年_____月_____日

(1)本题分值:15 分。

(2)考核时间:7 分钟。

(3)考核形式:笔试。

快递业务员(中级)快件处理职业技能鉴定模拟试题(技能操作)参考答案

[试题1答案]

异常总包类型为总包有拆动痕迹,处理方法为由交方负责开拆总包,保留袋皮、封志、袋牌,会同收方共同查验内装快件,如有不符,应在路单和袋内封发清单上批注。

[试题2答案]

1 法国	(2)FI
2 芬兰	(1)FR
3 日本	(4)PH
4 菲律宾	(3)JP
5 新加坡	(5)SG

1 西班牙	(5)SA
2 德国	(1)ES
3 美国	(4)CA
4 加拿大	(3)US
5 沙特阿拉伯	(2)DE

[试题3答案]

快件差异报告 第201008121号

由 上海 处理中心(营业网点)发至 杭州 处理中心(营业网点)
验明各种差错和不合事项如下: 我公司于2010.8.12在接收上海至杭州干线班车过程中,收到你公司No.10812总包无清单,请速提供上述总包清单。 经两人眼同比对,发现No.10814总包内含快件25件,而非总包清单所述26件,经查总包封志完好无损,无拆动痕迹,请你公司查明原因,速把查核结果告知
附件:No.10812总包包牌和No.10814总包清单、包袋皮、包牌、封志
经手人员:张某某 主管人员:高某某 发验部门章 2010年8月13日